MODELAGEM E TEXTURIZAÇÃO 3D

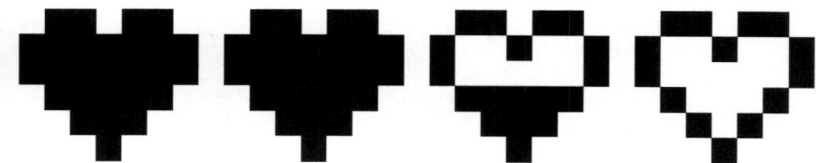

 Os livros dedicados à área de *design* têm projetos que reproduzem o visual de movimentos históricos. Neste módulo, as aberturas de partes e capítulos com *letterings* e gráficos pixelizados simulam a era dos jogos da década de 1980, que se tornaram febre nos fliperamas e levaram à popularização dos consoles domésticos.

MODELAGEM E TEXTURIZAÇÃO 3D

Leandro da Conceição Cardoso

Rua Clara Vendramin, 58 . Mossunguê . CEP 81200-170 . Curitiba . PR . Brasil
Fone: (41) 2106-4170 . www.intersaberes.com . editora@intersaberes.com

Conselho editorial
Dr. Alexandre Coutinho Pagliarini
Dr.ª Elena Godoy
Dr. Neri dos Santos
Dr. Ulf Gregor Baranow

Editora-chefe
Lindsay Azambuja

Gerente editorial
Ariadne Nunes Wenger

Assistente editorial
Daniela Viroli Pereira Pinto

Edição de texto
Tiago Krelling Marinaska
Letra & Língua
Mycaelle Albuquerque Sales

Capa
Luana Machado Amaro (design)
SSDDavid/Shutterstock (imagem)

Projeto gráfico
Bruno Palma e Silva

Diagramação
Carolina Perazzoli

Designer responsável
Luana Machado Amaro

Iconografia
Sandra Lopis da Silveira
Regina Claudia Cruz Prestes

Dados Internacionais de Catalogação na Publicação (CIP)
(Câmara Brasileira do Livro, SP, Brasil)

Cardoso, Leandro da Conceição
   Modelagem e texturização 3D/Leandro da Conceição Cardoso. Curitiba: InterSaberes, 2022.

   Bibliografia.
   ISBN 978-65-5517-474-8

   1. Animação por computador 2. Computação gráfica 3. Jogos por computador – Desenvolvimento 4. Jogos por computador – Design 5. Maya (Programa de computador) 6. Modelagem 3D 7. Modelagem por computador I. Título.

21-71552   CDD-794.81526

Índices para catálogo sistemático:

1. Games: Modelagem: 3D: Desenvolvimento: Recreação 794.81526

Cibele Maria Dias – Bibliotecária – CRB-8/9427

1ª edição, 2022.

Foi feito o depósito legal.

Informamos que é de inteira responsabilidade do autor a emissão de conceitos.

Nenhuma parte desta publicação poderá ser reproduzida por qualquer meio ou forma sem a prévia autorização da Editora InterSaberes.

A violação dos direitos autorais é crime estabelecido na Lei n. 9.610/1998 e punido pelo art. 184 do Código Penal.

sumário

Apresentação 8

1 **Conceitos de projetos tridimensionais e introdução ao *software* de modelagem 3D** 14

1.1 Concepção e elaboração de jogos: elementos constitutivos e etapas de produção 16

1.2 Referências 26

1.3 *Software* e *hardware* apropriados à modelagem e texturização 3D 36

1.4 Interface do Autodesk® Maya 43

2 **Conhecendo a funcionalidade das ferramentas do Autodesk® Maya e do Mudbox** 56

2.1 Autodesk® Maya: projetos e elementos afins 57

2.2 Autodesk® Mudbox 68

2.3 Fluxo de trabalho e modelagem 88

3 **Planejamento e fluxo de trabalho** 116

3.1 O que é retopologia? 119

3.2 Autodesk® Mudbox: modelagem do rosto 123

3.3 Modelagem das orelhas 134

3.4 Modelagem da boca **137**

3.5 Modelagem das pálpebras dos olhos **139**

3.6 Retopologia na prática **146**

4 **Fundamentos da modelagem 3D 166**

4.1 Observações técnicas de modelagens 3D **168**

4.2 Desenvolvimento de modelagem 3D nos *softwares* Blender e Maya **171**

4.3 Técnica *Box Modeling* **191**

4.4 Modelagem baseada em modelo predeterminado **199**

4.5 Modelagem baseada na técnica *Poly by Poly* **206**

5 **Técnicas de modelagem avançada 3D 212**

5.1 Modelagem *Poly by Poly* no Maya **213**

5.2 Modelagem por *Blueprint* **219**

5.3 Modelagem de cenário **230**

5.4 Modelagem de objetos inanimados **244**

6 **Texturização e preparação para animação 256**

6.1 Texturização **258**

6.2 Etapas que antecedem a preparação de animação **263**

6.3 Preparação para a animação **275**

Considerações finais **288**
Referências **292**
Sobre o autor **298**

apresentação

O conhecimento dos principais *softwares* aplicados na modelagem e texturização para *design* de *games* é fundamental para estudantes e profissionais ingressantes da área, pois esses recursos são utilizados para o desenvolvimento de animações em 3D.

Diante dessa realidade, nesta obra utilizaremos como base dos conteúdos o **programa Maya**: nele é possível desenvolver imagens estáticas – apenas a modelagem de um personagem, de objetos ou de cenários em 3D –, bem como a versão animada desses elementos, ou seja, com movimentos. Essa ferramenta permite ao usuário aprimorar gradualmente suas habilidades referentes à criação de cenários, de objetos e, principalmente, de personagens por etapas, até que tenha habilidade de desenvolver elaborações mais aprimoradas.

Levando em consideração que a utilização da textura é um dos elementos principais para que uma modelagem em 3D tenha um aspecto mais convincente de realidade, ou seja, para que tenha maior similaridade com o objeto, a personagem ou o cenário real representado no processo, é essencial o conhecimento de *softwares* como o Maya, que conta com ferramentas importantes como o pivô, cuja manipulação figura entre os principais elementos para a criação de uma boa modelagem e, consequentemente, texturização. Quando um *software* de modelagem e texturização em 3D é operado corretamente, é possível alcançar níveis de realismo surpreendente, inclusive em animações em 3D de desenhos e *games* com foco no público infantil – é possível criar mundos e criaturas inimagináveis, um dos principais fascínios dos profissionais e estudantes da área e do público que assiste às animações e se entretém com os jogos.

Para facilitar o aprendizado, apresentaremos várias telas do *software* objeto de nossos estudos, mostrando o passo a passo de algumas de suas funções. Além disso, trataremos da operacionalidade do Maya, bem como dos conceitos de três dimensões para modelagem e sua relevância na análise das observações técnicas e das referências para o desenvolvimento ou a utilização de um modelo 3D.

CAPÍTULO 1

CONCEITOS DE PROJETOS TRIDIMENSIONAIS E INTRODUÇÃO AO *SOFTWARE* DE MODELAGEM 3D

Introdução do capítulo

Neste capítulo, nossa proposta é promover um estudo inicial do *software* Maya aplicado para a modelagem e texturização 3D. Apresentaremos conceitos fundamentais do tema para auxiliar o *designer* de *games* na construção estática ou animada em 3D de personagens, considerando conhecimentos necessários à sustentabilidade de um personagem antes mesmo de se dar início à operacionalização do *software*.

Todos os aspectos relacionados à conceitualização do personagem – como principal gênero, noções de roteirização nos quais pode ser inserido, história e enredo dos quais pode fazer parte – são fatores metodológicos que fomentam a mecânica do *game*, tornando o personagem mais atrativo para o jogador e, principalmente, proporcionando maior imersão e interatividade. É aí que entra o *software* de criação Maya, que estabelece uma metodologia de construção dessas figuras. Baseando-se no processo de elaboração de personagens oferecido pela ferramenta, o *designer* de *games* será capaz de desmitificar a complexidade da elaboração de um personagem por etapas e, assim, produzir elementos dessa natureza de maneira mais realística e tridimensional.

O objetivo central desta obra, portanto, é tratar de concepções que antecedem a produção e o desenvolvimento de personagens no *software* Maya para, na sequência, estabelecer um fluxo de trabalho direcionado, principalmente para modelagem, *rigging*, texturização, poses e renders do personagem por meio desse *software*.

1.1 Concepção e elaboração de jogos: elementos constitutivos e etapas de produção

O *software* Maya dispõe de ferramentas importantes para a construção de todos os elementos que compõem um jogo, podendo variar quanto ao grau de importância.

Figura 1.1 – **Elementos constitutivos dos jogos**

- Cenário
- Ambientação
- Contextualização temporal
- Personagens
- História
- Narrativa
- Enredo
- Conflitos existentes
- Trilha sonora
- Objetivo principal

IMPORTANTE

No quesito personagens, há as **representativas** e as **notáveis**, peças-chave que promovem interatividade no *game*. Após a elaboração do enredo e a definição do personagem protagonista – que demanda maior complexidade, pois fará conexão com todos os elementos criados e também com o usuário do jogo – têm origem as **personagens coadjuvantes** e as antagonistas. Já as **personagens figurantes**, como o nome sugere, podem aparecer apenas para figurar o cenário ou compor, a partir do enredo em que o personagem principal está inserido, um relacionamento com os ambientes.

No contexto específico de desenvolvimento de personagens para jogos, é imperativo enfatizar que o jogo tem um forte significado humano por estabelecer uma comunicação direta com a sociedade por meio de uma realidade que ela pode imaginar, experimentar e vivenciar. Portanto, os personagens desse universo devem ter, em sua essência, um carácter lúdico, ou seja, devem ser capazes de estabelecer conexão com os participantes para que estes possam projetar-se nos mundos desenvolvidos pelo *designer games*.

Para a construção de um personagem, é necessário um planejamento prévio, antes mesmo do trabalho operacional no computador. Nessa linha de produção, é possível predeterminar os tipos de referências a serem utilizadas, explorar gráficos cartesianos existentes no universo tridimensional e se concentrar na construção da silhueta e da anatomia das superfícies. Esse processo, que inclui a anatomia de um polígono, é separado em três fases distintas e complementares entre si. São elas: pré-produção, produção e pós-produção. Vamos a elas nas seções a seguir.

1.1.1 Pré-produção

Nessa etapa, define-se o roteiro e a história do *game*. O foco para criação do personagem deve centrar-se em dois vetores: *briefing* e cronograma das ações (e, quando possível, a criação de protótipos). Vamos abordar o primeiro e entender como se faz e para que serve esse instrumento.

Briefing

Esse roteiro deve conter elementos que direcionem a criação do personagem; no contexto do *software* Maya, foco de nossa obra, é importante que esses elementos sejam concebidos de modo a se alinharem aos recursos disponíveis na ferramenta e, além disso, levar em consideração certos recursos imateriais, como citados a seguir.

Figura 1.2 – **Recursos imateriais do *briefing***

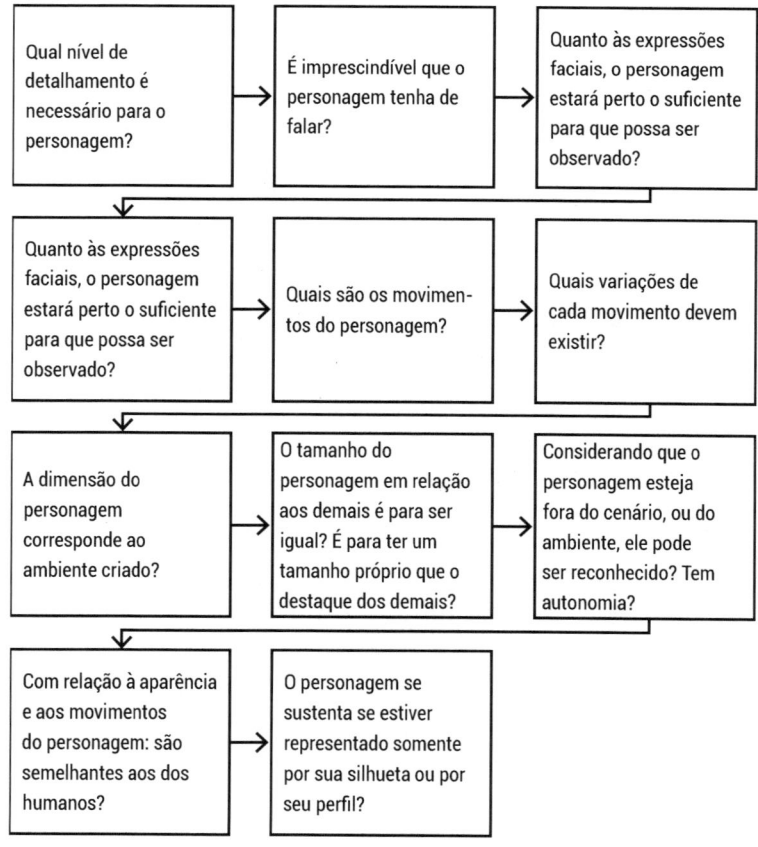

Com esse repertório devidamente discutido e analisado em uma primeira abordagem, as contribuições coletadas certamente trarão mais sentido à criação gráfica de personagens no que diz respeito à sua contextualização histórica ou situacional inserida na ambientação do *game*.

IMPORTANTE

Com o crescente desenvolvimento da inteligência artificial (AI), a tendência na produção de jogos direciona-se à ampliação dos recursos disponíveis para animação. Os recursos incentivam a utilização de imagens cada vez mais ricas em detalhes, com aparência gráfica que permite a proximidade da textura da pele ou a modelagem de uma movimentação real que sejam semelhantes aos humanos. Para Vilela (2002, p. 2), os humanos virtuais, segundo o objetivo da narrativa do *game*, "podem também ser denominados como atores (personagens) digitais, sintéticos ou virtuais".

No que se refere à personalidade dos personagens do jogo – em seus aspectos comportamentais e perfis psicológicos –, alguns autores, como Vilela (2002), defendem a importância de tratar esses traços com ênfase na semelhança humana. Esses estudiosos sustentam que, na concepção de um personagem nesse contexto, as ações previamente definidas, de acordo com a pesquisa e o diagnóstico, podem fundamentar as emoções desses atores e, posteriormente, determinar sua movimentação em cena, seja na interação com outros personagens, seja na relação com o ambiente em que estão inseridos.

É importante enfatizar que características como os atributos mentais do personagem podem revelar quais gestos devem ser desenvolvidos em conformidade com seu comportamento. Essa definição prévia, concebida por meio de um roteiro, proporciona uma leitura mais realista para o jogador. Como está tudo interligado, o desenvolvimento da personalidade do ator pode ser decisivo no modo como ele desempenhará seu papel dentro do jogo ao deparar-se com conflitos presentes na trajetória do *game*. Para Cook, Tweet e Willians (2001), a veracidade ou a coerência interna da personagem depende da função que ela exerce na estrutura da narrativa.

Quanto aos aspectos físicos, definir anatomia dá ideia central de qual linguagem corporal o personagem terá. A linguagem, então, pode ser influenciada pelo tipo de vestuário ou ainda pelos equipamentos que compõem o figurino do personagem. Essas composições podem dar embasamento aos conflitos vivenciados pelo personagem durante a proposta do jogo, pois ajudam a identificar seus interesses e suas inaptidões e, tão importante quanto, ajudam a estabelecer relações com outros personagens, sejam eles figurantes, sejam coadjuvantes. Recomenda-se a criação de uma ficha cadastral, uma espécie de currículo, contendo as principais características do personagem. No Figura 1.3, a seguir, há uma sugestão para preenchimento.

Figura 1.3 – **Ficha cadastral do personagem**

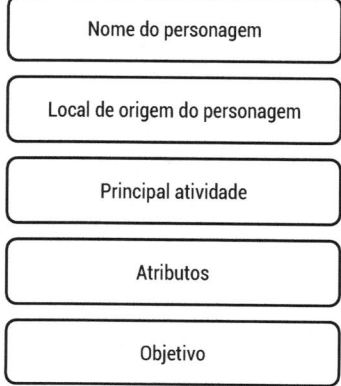

Quanto maior for a riqueza de detalhes nesta etapa de planejamento, maiores serão as possibilidades de o momento de operacionalizar o *software* Maya ser bem-sucedido.

Cronograma

Deve ser objetivo e transparente para o *designer* de *games* e toda a equipe envolvida no projeto. Também deve possibilitar flexibilidade, visto que fundamenta um processo criativo. A elaboração do escopo do trabalho não só promove organização e visão sistêmica para o grupo do objetivo principal – quando estipuladas previamente, todas as metas e todos os prazos das etapas de desenvolvimento do personagem evitam urgências e atrasos que podem ser limitantes no processo de criação. A seguir, a Figura 1.4 destaca as vantagens desse procedimento.

Figura 1.4 – **Vantagens da elaboração de cronograma**

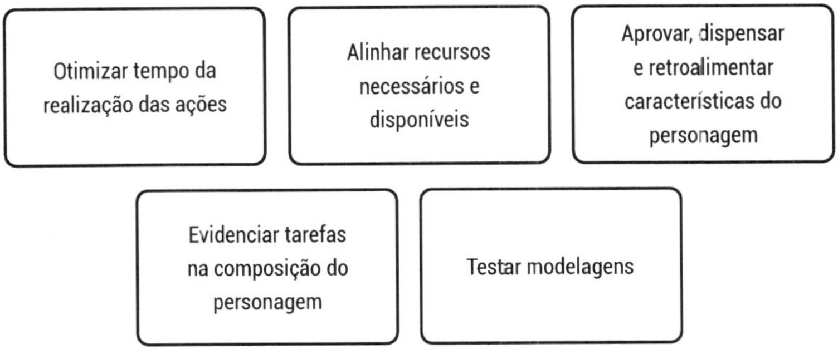

- Otimizar tempo da realização das ações
- Alinhar recursos necessários e disponíveis
- Aprovar, dispensar e retroalimentar características do personagem
- Evidenciar tarefas na composição do personagem
- Testar modelagens

Como explicamos anteriormente, além dos eixos até aqui trabalhos, é interessante a criação de protótipos, quando as condições assim permitem. Vejamos mais sobre isso a seguir.

Protótipo

Uma forma didática de testar os personagens é o uso de protótipos ao longo do processo de criação. Esse recurso permite maior visualização e estabelece comunicação fluida entre o *designer* de *games* e toda a equipe criativa.

A importância dessa técnica reside no fato de que pode oferecer uma significativa redução de tempo e custo, uma vez que compreende uma relação entre a visão macrocriativa do personagem e as reais condições técnicas operacionais e de recursos humanos existentes para o projeto se concretizar dentro do *software* Maya. Durante o desenvolvimento e a produção de jogos, essa ferramenta torna-se ainda mais relevante por diversos motivos, já identificados em experiências anteriores, ao proporcionar estudos prévios das possibilidades para o jogo. No Figura 1.5, elencamos as soluções esperadas.

Figura 1.5 – **Soluções esperadas que podem ser obtidas por meio do protótipo do personagem**

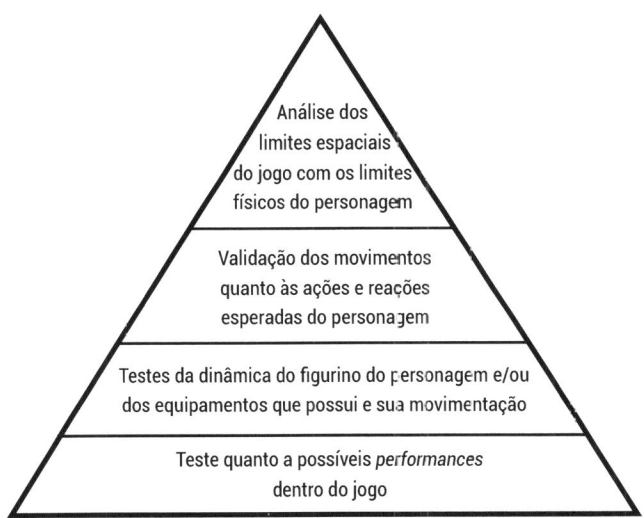

Nesse contexto, o papel do *designer* de *games* é trazer essencialmente as características necessárias e envolventes do personagem para que o jogador sinta que pertence ao contexto apresentado pelo jogo. Criar essa sensação de pertencimento e identificação possibilitam que o jogador tome e realize decisões que influenciam diretamente seu progresso no jogo e no resultado do *game*.

1.1.2 Produção

Etapa do trabalho desenvolvida na prática no *software* Maya. Tudo o que foi planejado nas reuniões de equipe, no desempenho das atividades e na aprovação do cliente passa a ser aplicado. Por meio do Maya, a modelagem do personagem sofre ajustes gráficos e características funcionais são inseridas, como a possibilidade de a modelagem se tornar uma imagem *still*, ou seja, sem variação de pose e movimento, o que descarta a necessidade de uso de topologia adequada – quando a modelagem é *still*, isso significa que o personagem é uma escultura digital.

O QUE É

Topologia: aplicação de polígonos organizados de maneira a configurar um alinhamento lógico para que receba uma futura animação de peso, com poder de desempenho. Refere-se também à área da matemática que investiga os espaços topológicos, sendo ainda uma extensão da geometria que estuda a estrutura dos objetos analisando as possibilidades que uma figura pode ter, por exemplo: se tiver a mesma distância em relação ao centro, forma uma circunferência que, em três dimensões, forma um cubo (Munkres, 2000).

Se a opção desejada for a de um personagem que exerce movimentos, variações de poses, a modelagem exige uma topologia definida de sua malha que permita expressões faciais – que transmitam sentimentos (ou faça referência a eles) – e reações.

Nessa fase, o profissional tem o controle e gerenciamento de variáveis e, concomitantemente, dos recursos disponíveis no *software* Maya e suas aplicabilidades. É esse conhecimento técnico que irá impactar o resultado desejado: o de gerar um efeito realístico que dará maior consistência ao personagem, isto é, que dará vida a ele. Do ponto de vista do usuário do jogo, a modelagem terá aparência gráfica de movimentos semelhantes aos humanos. Por isso a importância de dominar o *software* Maya e utilizar todas as suas aplicações.

A criação da modelagem 3D dos personagens, ou seja, a geometria de um personagem, pode ser realizada pelas modelagens estrutural e de elementos dinâmicos. Como mencionamos anteriormente, tal diferenciação existe pelo fato de que os modelos estruturais, por não terem alteração de posição, sofrem um pré-processamento, de maneira a otimizar o processo de renderização. Você compreenderá esse procedimento na próxima etapa da produção que apresentaremos a seguir.

1.1.3 **Pós-produção**

Nessa etapa final do processo de criação do personagem, o trabalho será submetido a outros tratamentos da imagem. Mais uma vez, vamos diferenciar os tipos de modelagem para melhor entendimento.

1. **Na modelagem estrutural**: a imagem *still* demanda uso de programas de edição, procedimentos de tratamento e render. A renderização preenche os polígonos de maneira adequada porque aplica o material com o qual foi definido, validando todas as alterações realizadas para a melhoria da imagem.
2. **Na modelagem dinâmica**: quando se trata de imagem de animação, ocorrem outros procedimentos, como os de iluminação e de texturização para criação de roupas e acessórios que possam compor o personagem.

Tendo todos esses procedimentos em mente, podemos partir para a construção do personagem em sua concepção visual, trabalho esse fundamentado em um ponto essencial: a busca por referências.

1.2 Referências

A pesquisa por referências é de extrema importância no processo de criação do personagem, uma vez que esse procedimento apoia o trabalho de desenvolvimento da modelagem. Muitas são as fontes das quais o profissional pode utilizar-se para realizar estudos dessa natureza: fotografias, desenhos elaborados ou animados, obras artísticas sobre tela, etc. É importante enfatizar que essa análise prévia pode resultar em um grande acervo de sugestões que podem fundamentar a composição do ator do *game*.

IMPORTANTE

Uma maneira de afunilar a pesquisa de referências reside no estabelecimento do objetivo primário. Por exemplo, se o enfoque do trabalho é encontrar efeitos para iluminação como projeção de luz e sombra, cabe direcionar a atenção para pinturas, ilustrações, fotografias, filmes cujo trabalho seja essencialmente desenvolvido em 3D.

1.2.1 Referências orgânicas e inorgânicas

Toda referência escolhida pode conter informações pertinentes ao trabalho. Para distinguir sua relevância, podem ser classificadas em dois tipos – orgânica (*model sheet*) e inorgânica, como você poderá verificar a seguir.

Model sheet

Referências orgânicas, ou *model sheet*s, são desenhos livres que ajudam a padronizar a modelagem em alguns aspectos, tais como as poses. No universo da animação tridimensional, a *model sheet*, também conhecida como *folha de modelo*, consiste em desenhar o personagem repetidas vezes, em diversas posições diferentes, conforme mostra a Figura 1.6, a seguir.

Figura 1.6 – **Model sheets de posições primárias**

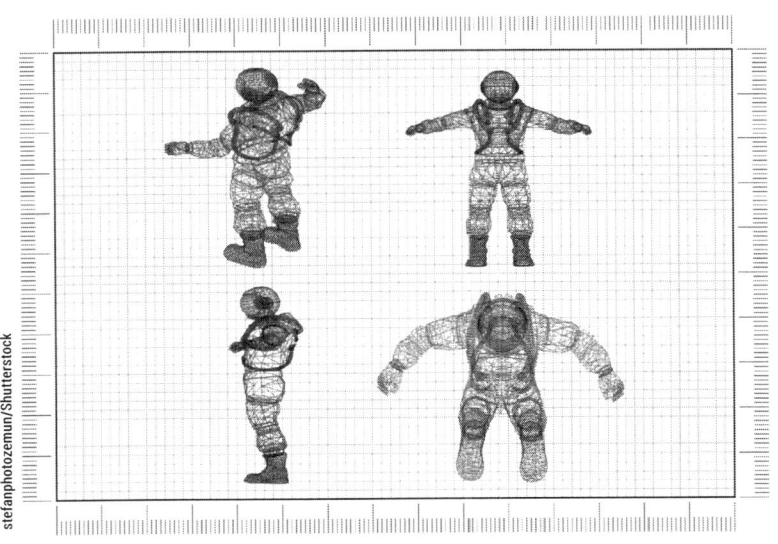

stefanphotozemun/Shutterstock

IMPORTANTE

Para se obter medidas proporcionais do personagem, os desenhos mostram a visão dos ângulos de ação apresentados na Figura 1.7, a seguir.

Figura 1.7 – **Os ângulos de ação**

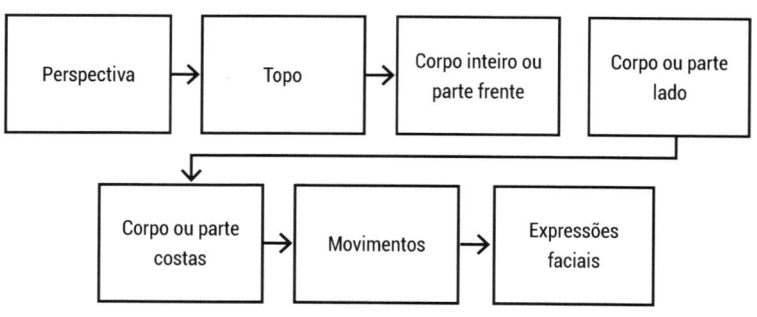

É possível conseguir inúmeros projetos prontos em *sites* de busca como referência. Outros aspectos relevantes que podem ser obtidos dos desenhos são a aparência e os gestos do personagem.

Silhueta

A silhueta é a animação dos personagens que são visíveis apenas na cor preta sólida e, mesmo assim, podem ser reconhecidos e identificados, como a bailarina da Figura 1.8, a seguir.

Figura 1.8 – **Bailarina**

O estudo conceitual é determinante para que o trabalho estabeleça essa relação do reconhecimento.

Blue print

Blue prints, também conhecidas como *hard surfaces* (superfícies duras), são basicamente são objetos construídos pelo ser humano (portanto, referências inorgânicas), como a casa representada na

Figura 1.9. São utilizadas para modelagem de elementos como carros e casas, por exemplo.

Figura 1.9 – *Blue print* de casa

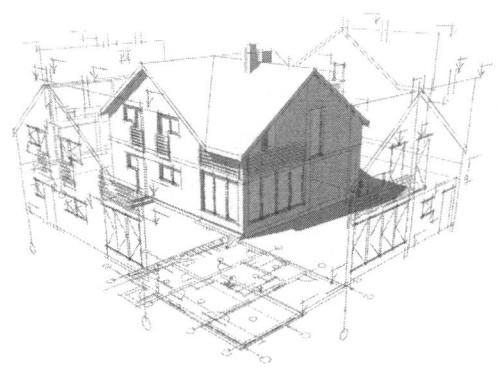

Yurii Andreichyn/Shutterstock

Tendo esses fundamentos em mente, o *designer* de *games* tem de se concentrar em criar objetos críveis, que transmitam uma sensação de realidade. Nesse contexto, é fundamental o conhecimento da anatomia de objetos poligonais.

1.2.2 Anatomia dos objetos poligonais

Como em todas as obras artísticas, os primeiros passos na modelagem e texturização 3D são dados por objetos primários, como um cubo, uma esfera ou outro elemento mais favorável para a modelagem do objeto desejado. No Maya, não é diferente: há polígonos,

Nurbs (*Non-Uniform Rational B-spline*) e subdivisões, cada qual com sua particularidade e funcionalidade, como veremos nas seções a seguir.

Polígonos

O QUE É

O modelo poligonal é formado por conectores agrupados de forma triangular ou quadrada, denominados faces, elemento orgânico e fundamental no projeto de modelagem. É a partir delas que o *software* calculará o sombreamento e a suavidade do elemento superficial do objeto pelo processo de renderização ou *rendering*, que, por sua vez, é responsável por fazer o cálculo algorítmico que dará, ao objeto, ao personagem, à cena ou ao ambiente, a realidade que o criador pretendeu dar.

Segundo Marc-André Guindon (2008, p. 16), fundador da NeoReel Inc., o Maya define o polígono da seguinte maneira:

O Maya utiliza polígonos para criar superfícies preenchendo o espaço definido pelas arestas com uma face. Três conjuntos de arestas e vértices formam uma face triangular, ou um triângulo. Quatro conjuntos de arestas e vértices formam uma face quadrilátera, ou um quadrilátero. Qualquer número de arestas e vértices acima de quatro forma o que o Maya chama de uma face de *n lados*.

Uma única face de um polígono no Maya é, às vezes, chamada de polígono.

Para que você possa entender melhor o conceitos de faces, apresentamos a Figura 1.10, a seguir.

Figura 1.10 – **Polígono: *vertex/edge/face/UVs***

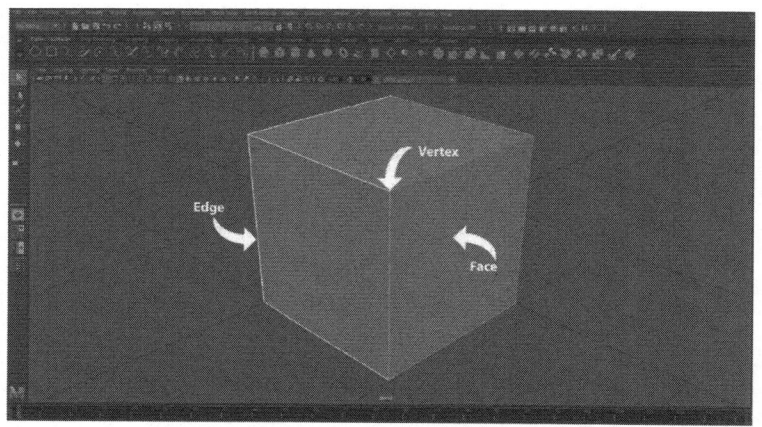

Vejamos cada um dos elementos que constam na tela exemplificada:

- ***Vertex*** (vértice): em uma forma poligonal, cada vértice tem um número de identificação único, que, por sua vez, orienta o *software* na localização em que começa a conectar os vértices. Manipulando a posição e a rotação de um vértice, altera-se a forma da face e a perspectiva que se deseja dar a ela. Como visto na Figura 1.10, o vértice é um ponto no espaço, constituindo-se, portanto, no tipo mais básico de uma forma poligonal.
- ***Edge*** (borda): é o liame (ou aresta) que une e conecta os vértices; a junção de no mínimo três vértices forma uma face.
- ***Face***: também chamada de *superfície*, pode ser formada com no mínimo três vértices envolvidos por três bordas; sua formação pode conter faces triangulares e/ou quadradas.

- **UVs**: são as coordenadas de uma textura; servem para demonstrar como a textura está atuando na malha do material e como sua relação direta com os vértices da superfície está sendo modelada.

Anatomia Nurbs

A sigla Nurbs, que indica *Non-Uniform Rational B-spline*, refere-se a uma superfície não uniforme diferente do polígono, mas suas curvas apresentam componentes e subdivisões que podem ser editadas, tais como:

- *Isoparms*: podem ser acrescentados na superfície da estrutura e se encontram em todas as superfícies Nurbs.
- *Surface point*: pode ser chamado de *parâmetro de uma superfície* ou *ponto de curva*.
- *Surface patch*: opção de seleção de tudo o que se encontra entre os *isoparms*.

As superfícies Nurbs e as curvas apresentam identificadores muito semelhantes quanto aos componentes e ao modo de edição de seus controladores; contudo, é importante que você entenda como essa relação funciona e como são feitos os cálculos entre as curvas nas superfícies simples e complexas.

Para editar uma curva, basta clicar com o botão direito do *mouse* em cima da curva; nesse momento, surge o menu de edição com os componentes apresentados nas Figuras 1.11 e 1.12.

Figura 1.11 – **Nurbs: VC/Hull**

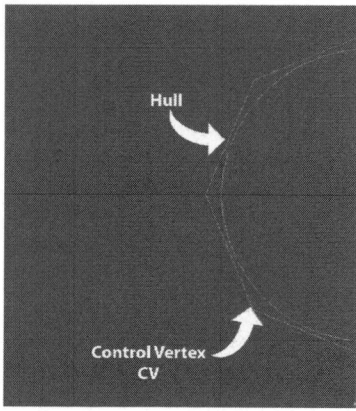

Figura 1.12 – **Menu de edição curvas**

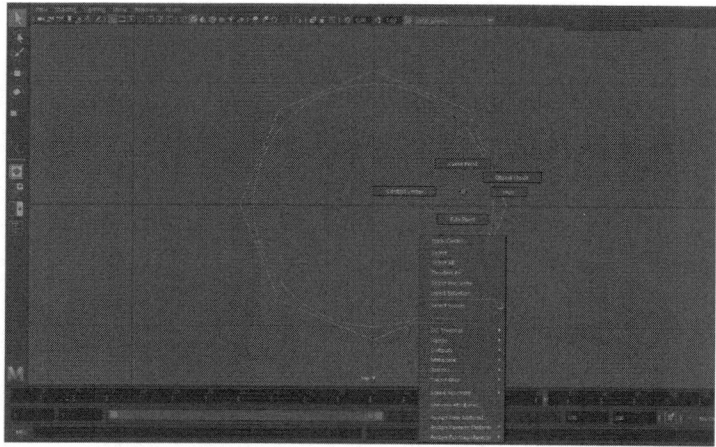

Vamos esclarecer em que consistem esses elementos:

- ***Edit point***: quando uma curva é criada, surgem automaticamente segmentos denominados *points* ou *knots* (nós). Os *edit points* são representados por pequenos sinais de "x" na curva, podendo ser selecionados e movidos em qualquer direção para editar a curva. Caso queira acrescentar mais *knots*, o profissional poderá fazê-lo com a ferramenta *Insert knot*. O acréscimo de pontos gera maior complexidade na superfície, pois o Maya entende que estão sendo criados mais detalhes na anatomia da curva.
- ***Control vertices*** (CVs): componente que controla o modo como a superfície da curva será modelada entre o *edit point* e a quantidade de CVs; depende da complexidade da superfície da curva e dos *knot* inseridos nela. Quando os CVs são selecionados, os *knots* tornam-se coloridos, destaque que representa as coordenadas dos pontos, contexto em que o vermelho representa o eixo X, o verde, o eixo Y e o azul, o eixo Z.
- ***Curve point***: o Nurbs pode restringir ou não o acesso de localizadores pelo *curve point*. Essa função é bastante útil para deformar curvas individuais da superfície em pontos específicos. Quando os localizadores são movidos, pode-se alterar a forma da curva sem se limitar a mover apenas o CVs dessa figura. Além disso, caso queira modelar, o *designer* pode restringir os localizadores dos pontos na curva ou até mesmo conectar duas ou mais curvas para que elas façam uma interseção.
- ***Hulls***: também conhecidas como *cascas* ou *coberturas da superfícies*, elas se apresentam por meio de retas que ligam os CVs, caso seja selecionada uma reta das *hulls*, todos os CVs da curva serão selecionados (veja o menu de edição na Figura 1.12).

A superfície da geometria poderá estar configurada para as *hulls*, o que pode ser bastante interessante, uma vez que permite controlar o número de divisões que serão exibidas nas *hulls*, o que denota a complexidade da geometria.

Tendo esses conhecimentos técnicos devidamente esclarecidos, podemos avançar o conteúdo e tratar da materialidade do Maya propriamente dita, ou seja, do *software* e do *hardware* compatíveis com a ferramenta.

1.3 *Software* e *hardware* apropriados à modelagem e texturização 3D

Como já explicamos anteriormente, a ênfase desta obra é o trabalho com a modelagem e a texturização 3D de personagens para animação. Em razão desse objetivo, trataremos não só do *software* de criação 3D Autodesk® Maya, como também ampliaremos nosso leque de criação artística com a apresentação das especificidades do Autodesk® Mudbox, *software* de pintura, textura e escultura digital que oferece um conjunto de ferramentas intuitivas e de alto poder realístico.

FIQUE ATENTO!

Antes de iniciarmos nossa trajetória pelo desenvolvimento da criação, da modelagem e da texturização de personagens para animação, devemos analisar o sistema operacional e o *hardware* mínimos para instalação dos *softwares* da Autodesk®. Os *softwares* Autodesk® Maya e Mudbox são compatíveis com os sistemas operacionais de 64 bits e exigem, no mínimo, um sistema com o seguinte *hardware* de 64 bits.

Sistema operacional

- Sistema operacional Microsoft® Windows® 7 (SP1) e Windows® 10 Professional.
- Sistema operacional Apple® Mac OS® X 10.11.x, 10.12.x, 10.13.x, 10.14x.
- Sistema operacional Red Hat® Enterprise Linux® 6.5 & 7.2 WS (requer uma licença multiusuário, incompatível com a licença de usuário único).
- Sistema operacional CentOS 6.5 & 7.2 Linux (requer uma licença multiusuário, incompatível com a licença de usuário único).

Hardware

- CPU: processador Multi-core Intel ou AMD com conjunto de instruções SSE4.2.
- 8 GB de RAM (recomendado 16 GB)
- 4 GB de espaço livre em disco para a instalação.
- Disco rígido de 7.200 RPM.
- *Mouse* com três botões.
- Placa gráfica[1].
- Mesa digitalizadora com caneta.

A empresa Autodesk® disponibiliza gratuitamente, pelo prazo de três anos, o *software* Autodesk® Maya e Autodesk® Mudbox para estudantes que desejam utilizar os programas de criação 3D modelagem, texturização e

---

[1] Consulte as placas recomendadas pela Autodesk® no *link*: <https://knowledge.autodesk.com/support/maya/troubleshooting/caas/simplecontent/content/maya-certified-hardware.html>.

animação.2 A necessidade de passar tais informações sobre os *softwares* é a de motivá-lo a experimentar a sensação criativa virtual realística na criação dos personagens, independentemente da área virtual em que for usada.

1.3.1 *Software* de modelagem e texturização 3D

A Autodesk® é uma das maiores empresas de tecnologia voltada para o ramo de entretenimento, sendo criadora do *software* de computação gráfica Autodesk® Maya.

O QUE É

Com interface intuitiva e de fácil utilização, o Autodesk® Maya é um *software* de criação, modelagem, texturização e animação para personagens 3D, sendo a principal ferramenta usada para criação de conteúdos digitais, incluindo efeitos visuais, *games* e simuladores. Esse recurso pode ser utilizado conjuntamente com o *software* Autodesk® Mudbox, de modo a dar mais realismo aos personagens criados e conferir mais detalhes às texturas aplicadas.

Com o vasto desenvolvimento da criação tridimensional viabilizada pelos *softwares* citados, o mercado acabou por se ramificar em várias vertentes na área de atuação 3D, assim como os profissionais da área passaram a se especializar em nichos mais específicos da criação e da modelagem: *rigging*, animação, efeitos, pinturas e texturas, iluminação, sombreamento e renderização. Como é importante

---

2 Para fazer o cadastro e *download* gratuito dos produtos para estudantes, acesse: <www.autodesk.com.br>.

que o *designer* de *games* que trabalha com criação 3D tenha noções de todas essas etapas, descreveremos cada uma delas a seguir, tendo como pressuposto o uso do *software* Maya.

Modelagem

Geralmente, para iniciar seu trabalho de modelagem, o artista modelador usa referências orgânicas e inorgânicas, como se fosse um escultor que observa seu objeto para moldar a escultura ou um pintor que precisa de uma base para fazer sua observação direta e transmitir seus sentimentos referentes àquele momento para a tela.

O usuário do Maya, que realiza o processo de modelagem de objeto e/ou personagem 3D, não é diferente: no trabalho de conferir forma ao mundo tridimensional, o modelador deve pesquisar assiduamente, isto é, precisa estudar tipos de superfícies, formas e objetos. Essa atividade demanda muita dedicação, pois, para representar uma realidade que só existe na mente do criador, é preciso muita sensibilidade e criatividade.

Rigging

Os *riggers* são os profissionais que atuam no processo de manipulação das articulações dos personagens modelados em 3D. Esses profissionais trabalham com um sistema hierárquico de "ossos" (*bones*) interconectados que proporcionam a movimentação das articulações dos modelos. Assim que o trabalho desses profissionais é concluído, o personagem está pronto para ser animado com as outras partes da modelagem. Embora apenas a malha/textura do personagem seja visível, é o *rigging* oculto sob a superfície que fornece todos os pontos (*pivot point*) para que o animador dê vida a ele.

Os *riggers* são responsáveis pelo controle da estrutura ou do esqueleto da animação com a aplicação de algoritmos complexos mediados por uma interface de usuário mais acessível, que o próprio Maya fornece. Uma parte fundamental desse processo é o de organização hierárquica dos ossos para que o movimento de um *knot* mais acima na cadeia cause um movimento recíproco nos *knot* mais abaixo, movimentos simétricos que conferem harmonia realística ao sistema de articulação da animação.

Animação

A atuação do profissional de animação relaciona-se ao domínio do conhecimento de toda a forma de animação, aproveitando por inteiro as ferramentas que o Maya oferece, com o intuito de criar a mais perfeita, real e fantástica animação.

A animação é um suplemento fantástico para um protótipo virtual: ela pode servir como uma prova de conceito e materializa a funcionalidade do design, seja no cinema, seja no *game*. Nesse contexto, o Maya não só pode ser aplicado na modelagem, como também possibilita a produção de animações dinâmicas, fluídas e orgânicas.

O *software* dispõe de simuladores realísticos que fornecem a visualização de corpos rígidos e macios, fogo e explosões, cabelos, pelos, pele e outros efeitos que são fisicamente sentidos na vida real na interação entre corpos e objetos. Além dessas possibilidades, o Maya oferece gráficos prontos e predefinidos para criar tempestades de poeira e neve, bem como uma imensidão de outras animações do gênero.

Pinturas e texturas

São considerados artistas de texturização, ou *texturing artists*, os profissionais responsáveis por tratar as superfícies de uma cena, de um modelo, de um personagem de modo a torná-los realistas a ponto de que o espectador ou jogador esqueça que vê diante de si um mundo gerado por computador.

Por meio de materiais, de *shaders*, do mapeamento e de uma compreensão de como esses componentes interagem e respondem, esses especialistas podem usar uma combinação de pintura a mão, fotos, arte digital e 3D para criar texturas personalizadas exclusivas.

O QUE É

Shaders: "conjunto de instruções que definem o comportamento da superfície dos objetos na tela. Basicamente, são estes "microaplicativos" que aplicam efeitos como os reflexos do ambiente na lataria de um carro, definem a qualidade das curvas de uma imagem ou a movimentação da água enquanto um personagem está nadando" (Demartini, 2011).

Os artistas de texturização trabalham com todos os outros membros do departamento de arte, bem como com artistas de conceito, ambiente, modelagem, *design*, programação, entre outros. Convém ressaltar que esses profissionais normalmente se reportam ao diretor de arte.

IMPORTANTE

Os artistas de texturização devem ter profunda compreensão do Maya e do Mudbox, visto que são *softwares* que promovem a interação da realidade material com a virtual, uma vez que contam com uma vasta quantidade de materiais que podem ser inseridos em objetos e personagens, dando a forma realística pretendida pelo artista de texturização.

Iluminação, sombreamento e renderização

Estes três elementos – iluminação, sombreamento e renderização – são fundamentais para proporcionar o resultado mais realístico ou o mais fantástico possível.

O QUE É

A renderização é o processo de transformar todas as informações inseridas na imagem de um modelo 3D em uma imagem 2D. O processo pode ser usado para criar uma variedade de imagens, desde as intencionalmente não realistas até as chamadas *foto realísticas*: imagens que se parecem tanto com imagens capturadas por uma câmera tradicional que, na maioria das vezes, dificultam a diferenciação entre uma renderização 3D e uma foto real.

Todo esse efeito realístico é realizado no Maya por meio da escolha de renderizadores capazes de fazer cálculos algorítmicos de alto grau de complexidade para dar à cena a realidade pretendida pelo diretor de arte.

Com base nessas possibilidades de especialização, podemos avançar o conteúdo para analisar cada um dos *software*s citados no decorrer do capítulo – o Autodesk® Maya e o Autodesk® Mudbox –, apresentando seus *layouts* e explicando o funcionamento do mecanismo de navegação da interface e das ferramentas disponíveis.

1.4 **Interface do Autodesk® Maya**

A maioria dos *software*s de criação de objetos tridimensionais trabalha por meio do cálculo de algoritmos em formato volumétrico. No entanto, suas especificações materiais e físicas partem primariamente de um **ponto**.

O QUE É

O ponto é a entidade visual mais básica. É a partir dele que localizamos as coordenadas dos objetos tridimensionais que são formados no espaço. Nesse contexto, o **plano cartesiano** é fundamental.

O plano ou gráfico cartesiano é um elemento essencial para a origem do objeto, pois as coordenadas X, Y e Z nos dão a noção do espaço, a localização da origem e a formação do objeto tridimensional. Quando tratarmos do uso do Maya propriamente dito, demonstraremos que as *views* mostram o gráfico cartesiano em todos os seus planos. Portanto, quando apresentarmos os campos das coordenadas, possibilitaremos a compreensão de sua sequência e de seu significado.

O plano cartesiano, apresentado na *view* representada pela interseção de duas linhas passadas no centro da cena, é denominado *origem* – todos os valores, medidas e direcionamentos são originados nessa localização, de modo que, na maioria dos *softwares* de aplicações 3D (assim como no Maya), seus eixos X, Y e Z estão localizados na origem, ou seja, na posição 0,0,0. Ademais, o plano de eixos X e Y representa um plano bidimensional quadrado que referencia extensão imaginária.

Os eixos X, Y e Z são essenciais de tal modo no plano tridimensional que as ferramentas *move*, *rotate* e *scale* são representadas graficamente pelos eixos e por suas respectivas cores: vermelho (X), verde (Y) e azul (Z). Os eixos e a codificação de cores também são evidentes em outros casos, como nas indicações de cenas nas *views* – os indicadores ficam aparentes no canto inferior esquerdo da janela do painel. Esse recurso é extremamente útil para o iniciante em programas 3D, pois a indicação facilita a identificação de qual cena está sendo vista e trabalhada.

1.4.1 Conhecendo o *workspace* do Maya

Em um primeiro contato, a interface do Maya pode parecer complexa, porém o manejo é muito intuitivo. Os recursos de interação do Maya trazem tudo o que é preciso para operar o *software* – menus, ícones, scenes, *views* e painéis de controle para animação, texturização, modelagem e outros. Por meio da interface, você pode ter acesso aos recursos e às ferramentas de trabalho, bem como aos editores que permitem criar e animar personagens.

A familiarização com ambiente da interface do Maya é muito importante para que, ao criar, sua agilidade seja tão elevada quanto sua imaginação; considerando que somente a prática leva à perfeição, é fundamental que você domine as ferramentas do *software* e aprenda os nomes dos ícones e os termos usados para iniciar a modelagem.

Ao abrir o *software*, a primeira janela em evidência representa uma área em perspectiva (Figura 1.13). Você pode utilizar simultaneamente quatro janelas ou *views* para o mesmo objeto – basta pressionar a barra de espaço do teclado. As *views* representam a visualização dos eixos cartesianos X, Y e Z, já citados; essa alternativa de interface proporciona melhor clareza do espaço e do objeto que está sendo modelado.

Figura 1.13 – ***View* perspectiva**

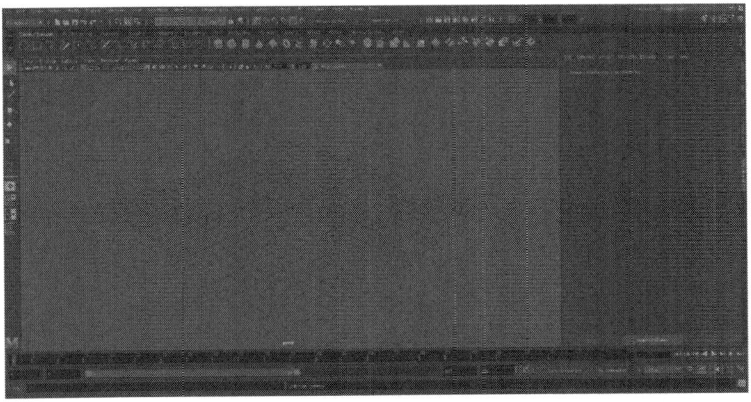

Ao clicar na barra de espaço, você pode visualizar as quatro *viewports* disponíveis, como demonstramos na Figura 1.14, a seguir.

Figura 1.14 - **As quatro *views***

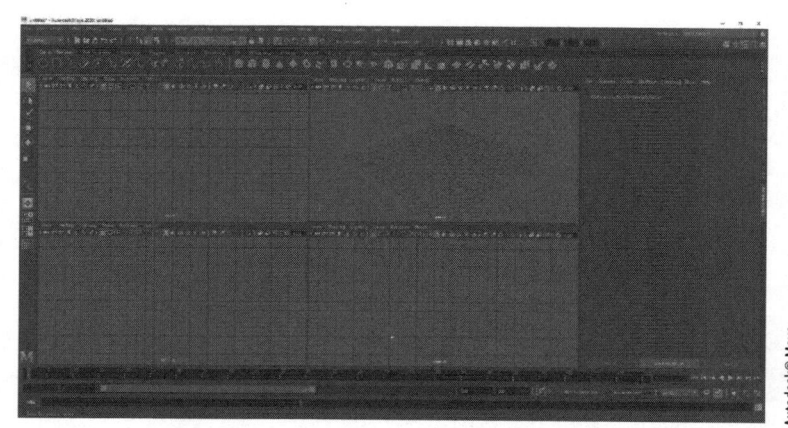

Com essa rápida descrição das primeiras inteirações com o programa, podemos avançar para uma explicação mais detalhada de sua interface, que está intuitivamente dividida como descrevemos a seguir. Todos os recursos elencados estão devidamente numerados na Figura 1.15.

- **Menus principais**: na barra de menu, é possível acessar todos os recursos do *software*; vale salientar que os menus do Maya são agrupados com um conjunto de menus e se alteram conforme alteração do módulo.

- **Módulo**: como mencionamos no tópico anterior, o módulo pode ser alterado conforme a necessidade; cada módulo conta com sua própria ferramenta. São cinco módulos conforme as teclas de atalho: *Modeling* (F2), *Rigging* (F3), *Animation* (F4), FX (F5) e *Rendering* (F6).
- **Modos de seleção**: existem três modos de seleção – *hierarchy*, *object* e *component*. Esses modos são utilizados para limitar ou mascarar a seleção de outros objetos para selecionar apenas os tipos de itens desejados. Ao usar uma *select mask*, é possível filtrar ou mascar itens que não deseja que sejam escolhidos como parte da seleção.
- **Shelves**: as *Shelves* estão divididas em guias que representam cada conjunto principal de ferramentas do Maya. Cada guia contém ícones que simbolizam os comandos mais usados para cada grupo. Quando se inicia o Maya, as *Shelves* estão configuradas de modo padrão, no entanto, é possível customizar a guia, retirando ou inserindo as ferramentas que serão mais usadas para agilizar a criatividade, com apenas um clique.
- **Painel *layout***: o Maya dispõe de alguns *layouts* predefinidos que podem ser acionados nos botões de *layout* rápido, no lado esquerdo da interface, ou na barra de espaço na *view*port. Clicando com o botão direito nos botões de *layout* rápido, é possível obter versões adicionais e outras opções para personalizar a interface. Na Figura 1.15, você pode ver a perspectiva numerada.

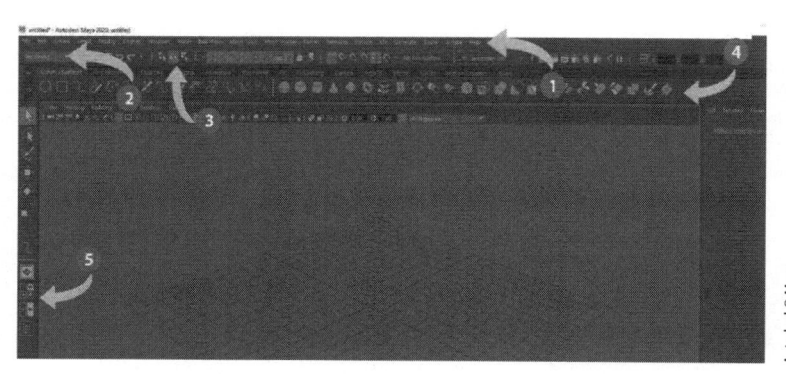

Figura 1.15 – **View perspectiva numerada**

Devidamente apresentados esses recursos que dinamizam o trabalho do designer, vamos agora tratar dos recursos da *Tool Box*, numerados na Figura 1.16, na sequência.

1. ***Select Tool***: essa ferramenta permite selecionar os objetos que se encontram no painel de visualização. A *Select Tool* é a ferramenta mais utilizada, portanto, ela pode ser configurada para melhor comodidade de seleção – com um duplo clique no *Select Tool*, são exibidas opções para customizar a ferramenta de seleção. Quando se trabalha com painel de editor de textura, a ferramenta de seleção conta com alternativas específicas desse editor. Portanto, você deve prestar bastante atenção à ferramenta *Select Tool*, pois ela é de grande utilidade para o refinamento de uma modelagem.

2. ***Lasso Tool***: ferramenta de seleção que permite desenhar livremente o entorno do objeto a ser selecionado. O *Lasso Tool* é a forma de seleção mais específica, e sua seleção evita que outros

objetos sejam selecionados juntamente ao item desejado. Com o *Select Tool*, há a possibilidade de personalizar sua seleção, com um duplo clique no *Lasso Tool* serão exibidas opções para customizar a ferramenta de seleção.

3. **Paint Selection Tool**: a ferramenta permite selecionar componentes por meio do arraste do cursor sobre eles. Esse recurso é útil quando se deseja trabalhar apenas em uma parte de uma área selecionada, como no polígono, nos vértices, no *edge* ou nas faces. Para alterar o tamanho do pincel da ferramenta de seleção, basta clicar duas vezes na ferramenta *Faint Selection Tool* para acessar as opções do tamanho de pincel.

4. **Move Tool**: para selecionar a ferramenta *Move Tool*, clique na opção *Tool Box* ou pressione a tecla de atalho **W** – na sequência, você poderá mover o objeto em qualquer posição do espaço do sistema de coordenadas. A orientação do eixo inclui rotações no próprio elemento. Se vários objetos forem selecionados, cada item será movido na mesma proporção em relação ao seu próprio espaço do sistema de coordenadas. Como todas as outras ferramentas, a *Move Tool* pode ser personalizada com o duplo clique.

5. **Rotate Tool**: consiste em uma ferramenta que tem a função de rotacionar os objetos selecionados e seus componentes; as rotações podem ser feitas nos três eixos das coordenadas X, Y e Z. Para selecionar a ferramenta *Rotate Tool*, basta clicar na ferramenta no *Tool Box* ou pressionar a tecla de atalho **E**, além poder personalizá-la para melhor atendê-lo.

6. **Scale Tool**: ferramenta destinada ao dimensionamento de objetos e componentes; esse processo pode ser realizado pelo *pivot point* dos objetos, caso sejam selecionados vários deles – o

redimensionamento será feito a partido do *pivot point* comum entre os elementos, no caso, o último item selecionado. Para ativar a ferramenta escala, clique no ícone do *Scale Tool*, na Tool Box, ou pressione **R**. A customização da ferramenta também pode ser ativada com o duplo clique.

7. ***Last Tool Used***: em tradução literal, a ferramenta mostra a última ferramenta usada. Com um duplo clique, o recurso também possibilita abrir a Tool Box da última ferramenta caso queira personalizá-la. Para selecionar a *Last Tool Used*, clique na tecla de atalho **Y**.

Na Figura 1.16, apresentamos a ferramenta Tool Box.

Figura 1.16 – **Tool Box**

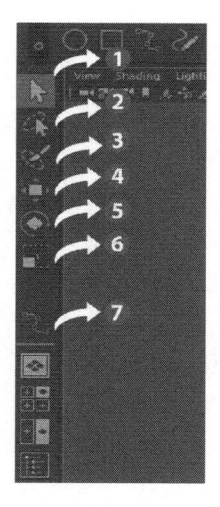

SÍNTESE

A constante evolução tecnológica da atualidade trouxe consigo novas demandas que impulsionaram a modernização do mercado de trabalho em suas múltiplas áreas, entre elas a de produção de *games* cada vez mais avançados e realísticos.

Sabemos que o *designer* de *games* é fundamentalmente o responsável por criar jogos eletrônicos para computadores, celulares, *tablets* e consoles. No entanto, é importante enfatizar que seu campo de ação se ampliou nos últimos anos: outros setores estão em crescimento, tais como os dos jogos educacionais e das simulações de operação de equipamentos complexos. Essa abertura de nicho demanda que o profissional expanda constantemente seus conhecimentos – afinal, atuar nessas áreas inovadoras é uma possibilidade muito atraente e promissora.

Nesse percurso de especialização para atender a um mercado cada vez mais exigente, é preciso adquirir conhecimento e domínio de ferramentas que aumentam a capacidade criativa e produtiva, contexto no qual a modelagem e a texturização 3D estão inseridas. Nesse âmbito, o *software* Maya atua como instrumento fundamental no desenvolvimento profissional do *designer* de *games*, pois possibilita a construção de ambientes e personagens 3D e, assim, viabiliza resultados realísticos à elaboração do jogo, tornando-o mais atraente para o jogador.

Esse trabalho é extremamente interessante, pois o jogo funciona como outra realidade (Huizinga, 2004). Ela pode fazer parte da imaginação dos usuários. Uma vez que haja identificação com esse outro plano, o jogador sente-se integrante desse novo contexto, pois pode controlá-lo. Para proporcionar essa experiência imersiva, o *designer* de *games* deve aprender e dominar todos os conceitos e recursos que lhe permitam criar a realidade virtual do jogo. Para a indústria de animação, o *software* Maya possibilita tais criações. Com a utilização de todos os recursos dessa ferramenta, é possível desenvolver diversos personagens para jogos que se aproximam da realidade aumentada e da realidade virtual com ilustrações tridimensionais.

Encerramos nosso trajeto apresentando o *software* Maya propriamente dito – elencamos alguns recursos do sistema para criação e manipulação de pontos, retas e polígonos, bem como abordamos o acesso rápido a elementos do programa e a customização de seus itens de trabalho. No próximo capítulo, trataremos de outras ferramentas do Maya em conjunto com as ferramentas do Mudbox, bem como da aplicação de técnicas 3D para desenvolver o personagem.

Frame Stock Footage/Shutterstock

CAPÍTULO 2

CONHECENDO A FUNCIONALIDADE DAS FERRAMENTAS DO AUTODESK® MAYA E DO MUDBOX

Nesta unidade, vamos conhecer um pouco mais o Autodesk® Maya e suas ferramentas, que possibilitam o aperfeiçoamento da técnica de modelagem. Em seguida, faremos uma introdução ao Autodesk® Mudbox, analisando a interface e as principais ferramentas do *software*. Mais adiante no texto, associaremos essas informações ao processo de modelagem no Mudbox e, na sequência, ao procedimento de retopologia e de junção dos *softwares* Maya e Mudbox para realçar o personagem.

2.1 Autodesk® Maya: projetos e elementos afins

Para iniciarmos este capítulo, vamos partir de uma conceituação fundamental para a análise de *softwares* de modelagem e texturização 3D de personagens de *games*: como podemos entender o que é **projeto**?

> **O QUE É**
>
> Projetos são arquivos de metadados que resguardam tudo o que foi usado em seu processo de criação. O Maya gerencia todos os arquivos do personagem em uma estrutura sistêmica de pastas; entre suas diferentes categorias, podemos citar como as mais importantes as pastas *"Scenas"* (todas as informações para sua cena) e *"Images"* (imagens que o usuário renderizou de sua cena).

Tal processo sistêmico e organizacional é de suma importância: quando há necessidade de o projeto ser transladado para outra máquina (PC ou MAC), esse arranjo evita perda de tempo na procura de arquivos, que pode ocasionar a demora no fluxo de trabalho do usuário.

> **FIQUE ATENTO!**
>
> Nomear os objetos que compõem o personagem é manter organizado o projeto.

Tanto no trabalho com o Maya quanto com o Mudbox, é de extrema importância manter todas as informações organizadas, nomeadas e arquivadas em suas devidas pastas. Por exemplo, muitos profissionais da área de produção 3D têm procedimentos e convenções de nomenclatura rígidos para minimizar a confusão que seus artistas podem ter ao trabalhar em um *pipeline* (organização, filtragem e identificação de ideias que podem ser utilizadas em um projeto). Mesmo quando houver somente um usuário manejando o *software*, é imprescindível nomear e organizar os objetos. O usuário deve adotar esse procedimento como uma prática, principalmente se houver uma equipe de produção trabalhando conjuntamente. Esclarecidos esses conceitos básicos do trabalho, vamos nos aprofundar na construção de projetos no *software* Maya.

2.1.1 Criando um projeto no Maya

Vamos tratar do conteúdo desta seção com um pouco de prática? No menu principal do Autodesk Maya, localize a aba *File* – essa função é praticamente a porta de entrada para quase todos os elementos de que você precisará, desde importar e exportar (*import* e *export*) a salvar, abrir e fechar projetos e cenas.

FIQUE ATENTO!

Como já explicamos anteriormente, na criação do projeto, a organização e a nomenclatura dos objetos que compõem a cena do personagem são práticas que você sempre deve adotar em seu cotidiano.

Então, vamos em frente e criar um projeto! Ao clicar em *File*, você poderá observar que, entre seus vários itens, consta a opção *Project Window*.

Figura 2.1 – **Itens da aba *File* – *Project Window***

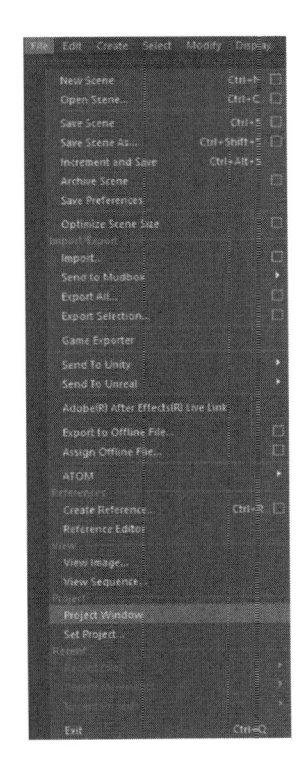

Ao clicar na opção *Project Window*, você terá acesso a vários itens úteis para a caracterização do projeto. Na opção *Current Project*, clicando no botão *New*, você pode nomear seu projeto de acordo com o que será criado. Logo abaixo, no item *Location*, deve ser inserido o endereço do local em que será criado o projeto, cuja localização e pasta padrão são oferecidas pelo Maya. Na realidade, você pode criar o projeto na pasta que desejar – basta clicar no botão *New*, dar o nome desejado ao projeto e, em seguida, acessar o ícone da pasta que se encontra à direita de *Location*, que oferece a possibilidade de criar uma nova pasta com o nome do projeto desejado ou selecionar uma já existente para o empreendimento.

FIQUE ATENTO!

Para iniciantes, recomenda-se que não se altere o diretório de pastas e subpastas dos itens Primary Project Locations, Secondary Project Locations, Translator Data Locations, Custom Data Locations.

Dado o nome ao projeto e localizada a pasta em que ele será criado, clique em *Accept* – todos os diretórios contidos nos ícones **Primary Project Locations, Secondary Project Locations, Translator Data Locations, Custom Data Locations** serão automaticamente criados.

Figura 2.2 – **Diretórios do *software* Maya**

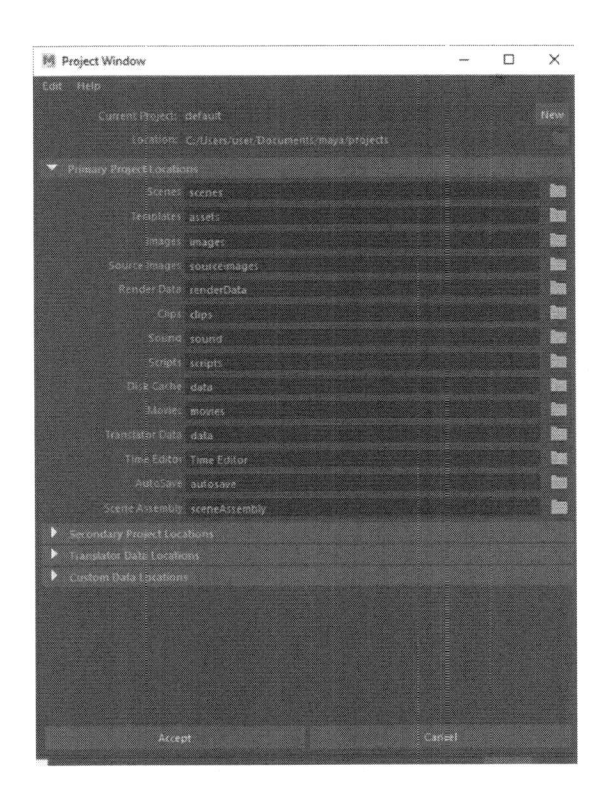

Autodesk® Maya

O QUE É

- ***Primary Project Locations***: diretório em que se localizam as pastas essenciais ao projeto, tais como arquivos da cena, de texturas e de imagens. Como já dito, esses arquivos são essenciais, portanto, só altere em caso de necessidade.

- **Secondary Project Locations**: diretório destinado ao projeto secundário. É criado automaticamente como *defaut* ao projeto primário dentro das pastas de categoria *Primary* do projeto criado. Há possibilidade de alterá-las; no entanto, para iniciantes, aconselhamos não fazê-lo.

- **Translator Data Locations**: determina os locais para os dados utilizados e que requerem conversão para serem integrados ao projeto no padrão Maya, como arquivos com extensão .OBJ, .RIB, .FBX, .DXF e outros que são nativos de outros *softwares*, como Adobe Photoshop, Illustrator e Autocad etc.

2.1.2 Abrindo um projeto criado no Maya

Para abrir um projeto já existente, você deve informar ao Maya a localização do arquivo para que o *software* centralize as informações nas pastas do projeto. Essa ação é realizada no item *Set Project* – para configurá-lo, basta acessar a aba *File* no menu principal (Figura 2.1).

Em seguida, o Maya apresentará um painel no qual pode ser selecionada a pasta em que se encontra o projeto. Ao clicar na opção *Set*, você fará com que todas as referências do projeto sejam direcionadas para a pasta selecionada.

Figura 2.3 _ **Set Project**

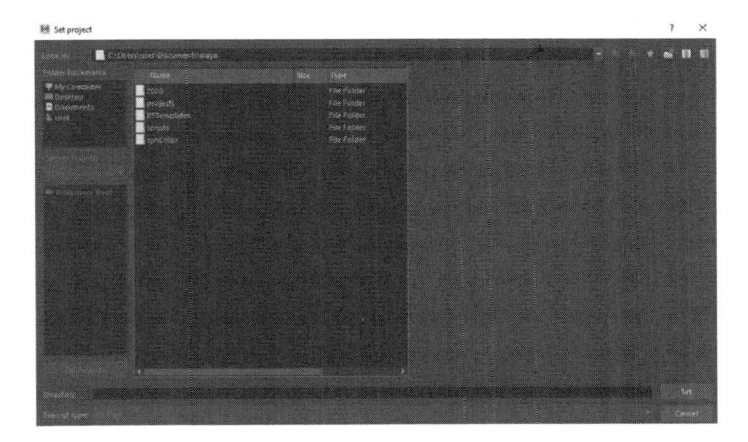

Por fim, clique em *File/Open Scene*, selecione o arquivo desejado e abra-o.

Figura 2.4 _ **Open Scene**

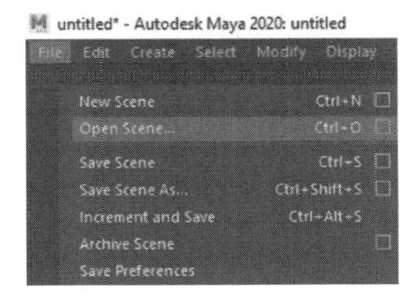

Ao abrir o projeto, você poderá visualizar a cena com todos os objetos que a compõem, como iluminação, câmeras etc.

2.1.3 Como trabalhar no projeto por meio das câmeras de navegação

As câmeras de navegação são bastante úteis e servem para que o usuário trabalhe com mais eficiência por meio do recurso *Shelf*. Existem muito mais *Shelves* do que as exibidas por padrão na interface do usuário. Se quiser usar uma *Shelf* que não aparece na IU, basta fazer o seguinte procedimento:

- Acesse a engrenagem no canto superior esquerdo da tela e, em seguida, selecione a opção *Load Shelf*.

Figura 2.5 – **Opções de trabalho com *Shelves***

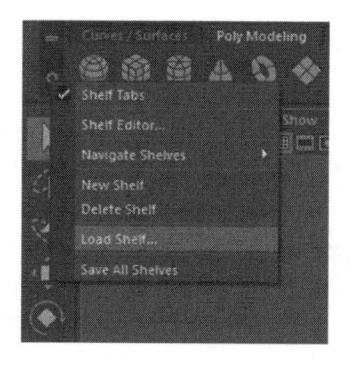

- Como nesse momento o objetivo é acessar as câmeras de navegação, selecione o *script* "shelf_General.mel".

Figura 2.6 _ *Script "shelf_General.mel"*

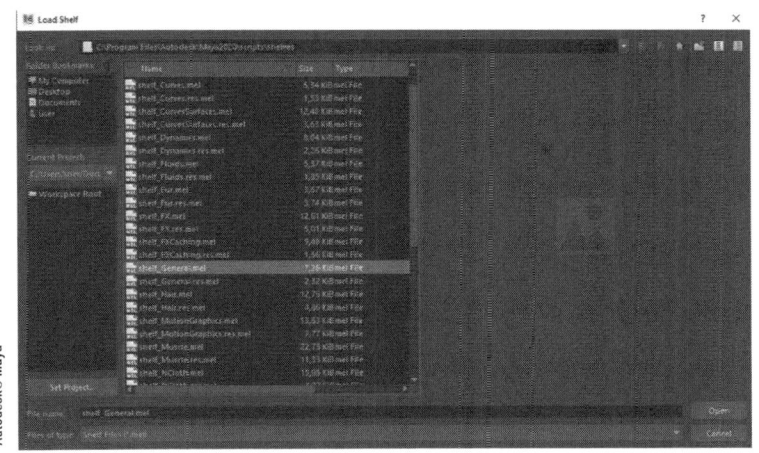

- Ao clicar no *link* "shelf_General.mel", observe que ficará em evidência no menu da *Shelf* a aba com o nome "General", contendo as câmeras de navegação e outras opções de ferramentas.

Figura 2.7 - **Menu *Shelf General***

- No módulo *General*, você pode acionar as câmeras de navegação clicando no menu ou por meio de atalhos, como descrevemos a seguir.

Tumble Tool

Com a tecla de atalho Alt + botão esquerdo do *mouse* acionada, arraste para a direita, para a esquerda, para cima e para baixo. Essa função permite um livre passeio na órbita do objeto na *viewport*.

Figura 2.8 – **Detalhe da ferramenta *Tumble Tool* e respectivo quadro ícone**

Track Tool

Com a tecla de atalho Alt + botão do meio do *mouse* clicada, arraste para a direita, para a esquerda, para cima e para baixo. A ferramenta permite fazer o movimento de *pan* na *viewport*.

Figura 2.9 – **Detalhe da ferramenta *Track Tool* e respectivo quadro ícone**

Dolly Tool

Com a tecla de atalho Alt + botão direito do *mouse* acionada, você pode movimentar a câmera do *viewport* para frente ou para trás, fazendo com que se altere a perspectiva da *viewport* em relação ao objeto.

Figura 2.10 – **Detalhe da ferramenta *Dolly Tool* e respectivo quadro ícone**

Essa ferramenta não altera a escala do objeto – sua função básica é modificar a perspectiva da *viewport*, ou seja, os objetos distantes da câmera mudam de tamanho.

Zoom Tool

Com essa câmera, é possível aumentar e diminuir o comprimento focal da *viewport*. Contudo, a ferramenta *Zoom Tool* não muda a perspectiva como a *Dolly Tool*. A câmera não se move, mas o efeito é semelhante.

Figura 2.11 – **Detalhe da ferramenta *Zoom Tool* e respectivo quadro ícone**

> **FIQUE ATENTO!**
>
> Ao utilizar as ferramentas *Tumble Tool* e *Track Tool* com a tecla *Shift* pressionada, o movimento dessas ferramentas será restringido a apenas um.

Observe que são muitas as funcionalidades do *software* Maya para tornar mais versátil seu trabalho de modelagem e texturização. Vejamos, agora, quais são os recursos que o Autodesk® Mudbox pode oferecer para essas atividades.

2.2 Autodesk® Mudbox

O Autodesk® Mudbox foi idealizado pela empresa Autodesk® com o objetivo de proporcionar ao artista de modelagem 3D mais flexibilidade na escultura e na texturização das obras digitais. O *software* dispõe de ferramentais táteis que permitem uma produção orgânica de alto realismo na textura do personagem, bem como uma interface intuitiva e prática que acarreta a interação com outras ferramentas da família Autodesk®, como 3D Max e Pixologic™ ZBrush®.

2.2.1 Interface do Autodesk® Mudbox

Em seu primeiro contato com o Mudbox, você observará uma tela de *Setup* para a configuração do idioma e das opções do *software*. Feitos esses procedimentos, pressione o botão Ok para começar a utilizar a ferramenta.

IMPORTANTE

Muitas vezes, verifica-se uma zona de conforto dos recursos dos *softwares* com o qual se está trabalhando e, com o passar do tempo, explora-se a interface de outros *softwares* que simplifiquem seu fluxo de trabalho ou permitam conhecer novas áreas de criatividade em suas obras digitais. O Mudbox é o *software* que fornece essa comodidade ao usuário.

Figura 2.12 – **Tela inicial do Mudbox**

2.2.2 *Workspace* do Autodesk® Mudbox

Como no Autodesk® Maya, o Mudbox tem um menu principal, barra que contém os menus que dão acesso aos comandos do *software*. Vamos a eles!

- **File**: responsável por vários comandos importantes, como o de salvar, criar novas cenas, abrir arquivos, exportar, importar e sair do programa.

Figura 2.13 – **Detalhe da *Workspace***

Autodesk® Mudbox

- **Edit**: menu de edição, encarregado das funções de selecionar, desfazer, travar seleção, congelar, descongelar, entre outras.

Figura 2.14 – **Detalhe da *Workspace***

Autodesk® Mudbox

- **Create**: menu para criação de malhas, luzes, câmeras, curvas e materiais destinados ao aperfeiçoamento do personagem criado.

Figura 2.15 – **Detalhe da *Workspace***

Autodesk® Mudbox

- **Mesh**: destinado inteiramente às funções da malha criada, permite aumentar e diminuir subdivisões da malha, navegar entre as subdivisões, recriar malhas e outras topologias para a geração de maiores detalhes da malha.

Figura 2.16 – **Detalhe da *Workspace***

- **Display**: responsável pelo gerenciamento de componentes das janelas; por meio dele pode-se ocultar a geometria da seleção, assim como isolar a seleção e exibir o *wireframe* do objeto.

Figura 2.17 – **Detalhe da *Workspace***

- **UV & Maps**: menu para trabalho com as malhas e texturas da topologia do objeto.

Figura 2.18_**Detalhe da *Workspace***

- **Render**: possibilita a criação da imagem final, como a gravação do vídeo da modelagem ou a geração de um vídeo de modelagem de um giro de 360°.

Figura 2.19_**Detalhe da *Workspace***

- **Windows**: possibilita o acesso às configurações de vários elementos do *software,* como atalhos e *layouts*.

Figura 2.20_**Detalhe da *Workspace***

- *Help*: menu de ajuda com acesso às comunidades e fóruns do Mudbox. Serve para auxílio à manipulação do *software*, bem como dispõe de informações sobre versão e atualizações.

Figura 2.21 – **Detalhe da *Workspace***

Com esse detalhamento inicial do Muldox, podemos tratar dos itens que possibilitam manipular as propriedades do *software*. Vamos à janela de propriedades!

2.2.3 Janela de propriedades

A janela de propriedades encontra-se no quadro situado no inferior da tela, ao lado direito. Sua função é moldar as configurações das ferramentas ou os parâmetros dos filtros selecionados no painel. Logo, tudo o que for selecionado no Mudbox será mostrado no painel, o qual ficará disponível para ser modificado.

Figura 2.22 – **Janela de propriedades**

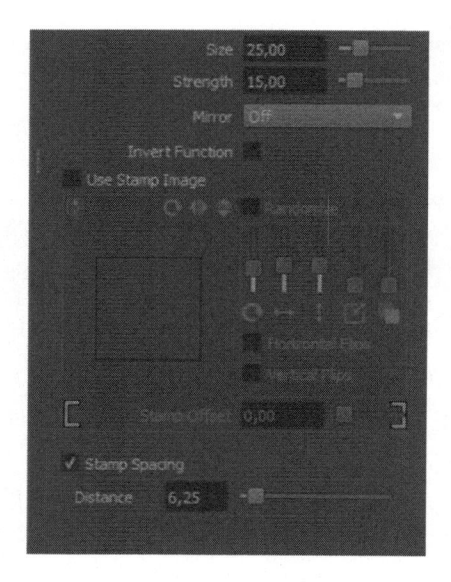

Autodesk® Mudbox

2.2.4 *Views* ou abas de visualização

As abas de visualização estão separadas em módulos, como você pode verificar a seguir:

- **3D *View***: espaço de visualização do ponto de vista em perspectiva do objeto que está sendo modelado. Nessa área, você pode visualizar o objeto nos três pontos desejados. Para navegar no 3D *View*, é necessário que você domine as câmeras de visualização. Para melhor fluidez no trabalho de girar, rastrear e mover a câmera em relação à esfera, devem ser usadas as seguintes teclas de atalho:

» **Rotacionar**: Alt + arrastar
» ***Track***: Alt + botão do meio pressionado e arraste
» ***Dolly***: Alt + botão direito e arraste

IMPORTANTE

Também é possível usar o *Dolly* pela roda de rolagem do *mouse*.

- **Focalizar o local**: F

FIQUE ATENTO!

Coloque o cursor sobre o modelo e pressione a tecla F. O local abaixo do cursor se torna o centro de interesse da câmera.

- ***Frame All***: A

FIQUE ATENTO!

Reposicione a câmera de modo que toda a geometria visível esteja dentro do campo de visão da câmera. Também é possível clicar e arrastar no *ViewCube* para alternar com maior facilidade as *viewports* em perspectiva e ortográfica do objeto.

Figura 2.23 _ **3D View**

UV View: a UV *View* exibe as coordenadas da textura UV para a malha ativa na visualização 3D como uma visualização 2D.

Figura 2.24 _ **UV View**

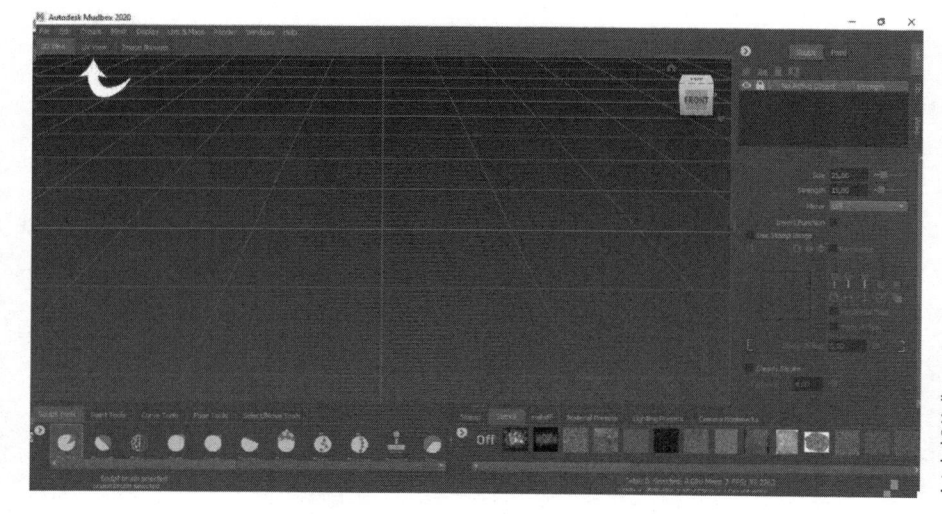

A UV *View* é útil para que você veja o funcionamento das imagens no que diz respeito à malha 3D em uma imagem 2D com relação às coordenadas da textura UV, mostrando o mapa das texturas, os brilhos e outros detalhes da imagem do objeto.

- *Image Browser*: permite visualizar e selecionar imagens 2D e texturas no *drive* ou em rede locais. Use o navegador de imagens para acessar o local em que se encontram os mapas de texturas.

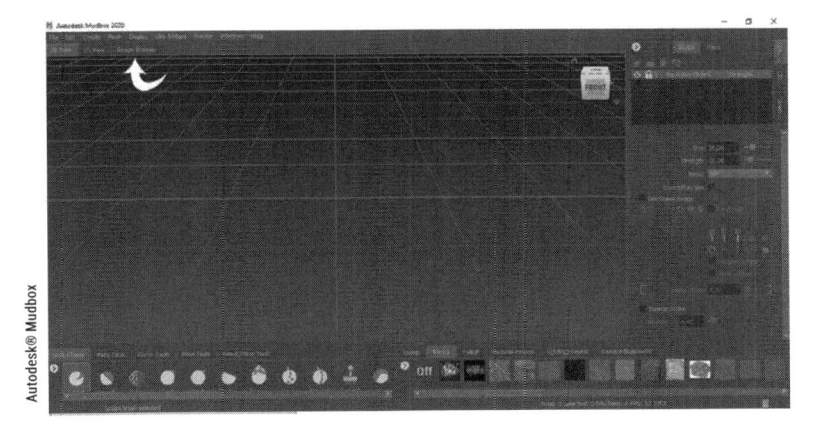

Figura 2.25 – **Image Browser**

O *Image Brows*er suporta uma variedade de formatos de imagem e profundidades de *bits*. Além disso, você pode usar o recurso para visualizar e avaliar as imagens de alta faixa dinâmica de 32 *bits* (HDRI) e visualizar toda a gama de valores de *pixel* nesses tipos de imagem.

> **IMPORTANTE**
>
> É necessário que a imagem tenha uma resolução de mínima de 1280 × 1024 para que o navegador reproduza uma visualização correta da imagem.

Quanto aos formatos, o *Image Browser* suporta os seguintes formatos de imagem, conforme Quadro 2.1, a seguir.

Quadro 2.1 – **Formatos de imagem suportados**

Formato do arquivo	Bit Depth	Número de canais
JPG	8	3
BMP	8	1,3,4
GIF	8	1,3,4
PNG	8	1,3,4
TGA	8	1,3,4
TIFF	8,16 *interger*, 32 *floating point*	1,3,4
OpenEXR	8,16 *floating point*, 32 *floating point*	1,3,4

Fonte: Autodesk Mudbox 2020, 2020.

BARRA DE FERRAMENTA DO *IMAGE BROWSER*

Hide List of Thumbnails: oculta a lista de miniaturas.

Open Directory: abre um navegador de arquivos, permitindo selecionar um diretório para navegar no *Image Browser*.

Parent Directory: move o diretório atual para o diretório raiz.

Back: volta para o diretório que estava sendo navegado anteriormente.

Forward: avança para o próximo diretório do navegador.

Refresh Thumbnails: atualiza as imagens em *thumbnail* (miniatura).

Bookmarks: permite criar favoritos do navegador para acesso rápido a diretórios específicos.

Set Stamp: aplica a imagem atual como um *stamp* para o *brush* atual.

Set Stencil: aplica a imagem atual ao *stencil* atual.

Set Image Plane: aplica a imagem atual ao plano de imagem da câmera atual.

See Negative As Flat Color: recorta valores negativos em *float maps* de 32 *bits* e os exibe como uma cor plana ou sólida.

Refresh Image: recarrega a imagem principal.

Scale To Fit: dimensiona a imagem principal para caber na janela do navegador. *Scale to fit* pode ser definido para permanecer ativado para todas as imagens exibidas na visualização.

Image Zoom Ratio: define a quantidade de *zoom* para a visualização da imagem.

Rotate Counterclockwise: gira a imagem no sentido anti-horário a cada 90 graus.

Rotate Clockwise: gira a imagem no sentido horário a cada 90 graus.

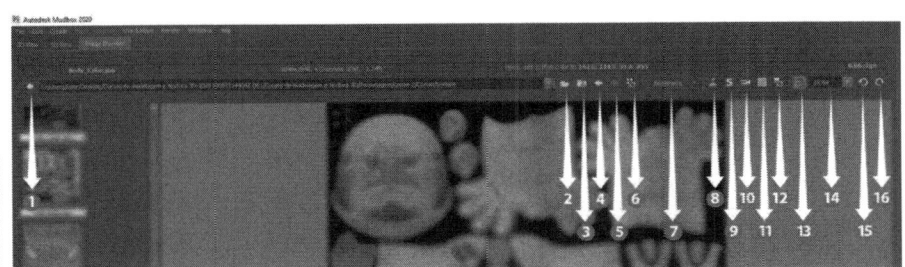

Figura 2.26 _ **Detalhe da ferramenta do *Image Browser***

O Mudbox conta com outras ferramentas, da opção *Viewport Filters* (aba superior direita, Figura 2.27) para afinar os efeitos visuais aplicados no objeto modelado. Tais recursos são filtros de pós-produção que dão mais realidade à textura dos objetos sem precisar exportá-los para outro *software* – esses elementos são o diferencial do Mudbox perante outros *softwares* de texturização e modelagem 3D, como, o ZBrush. Vejamos a seguir esses itens ofertados pelo Mudbox.

Figura 2.27 _ **Detalhe da *Viewport Filters***

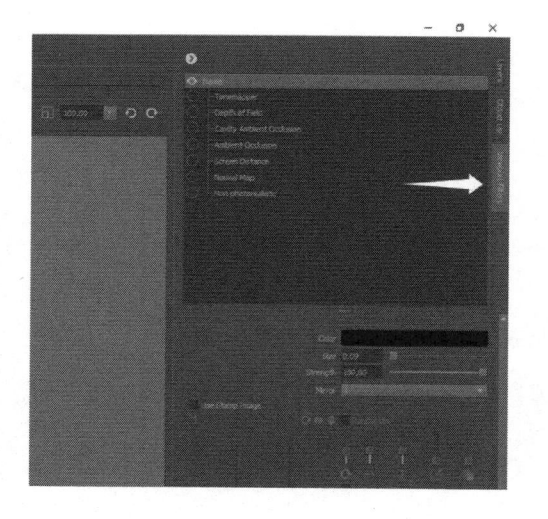

Autodesk® Mudbox

Você poderá aplicar efeitos visuais à 3D *View* usando esses filtros, que podem aprimorar esculturas e materiais atribuídos e ajudar na recriação de um ambiente sem precisar renderizá-los. Quando ativados, os filtros aparecerão como um efeito de pós-produção aplicado em tempo real a tudo o que é exibido na 3D *View*.

IMPORTANTE

Os efeitos poderão ser visualizados juntamente à modificação dos objetos na 3D *View* desde que a placa de gráfica do computador suporte os efeitos aplicados.

Desse modo, ao clicar na aba da *Viewport Filters*, o *software* abrirá uma lista de filtros, cujas funções descreveremos a seguir.

- ***Tonemapper***: remapeia os valores de cor para o que é exibido na 3D *View*. Você pode ajustar as propriedades do *Tonemapper* comprimindo, expandindo ou mudando a faixa de tom da cena renderizada.

Figura 2.28 _ **Detalhe da *viewport* do *Tonemapper***

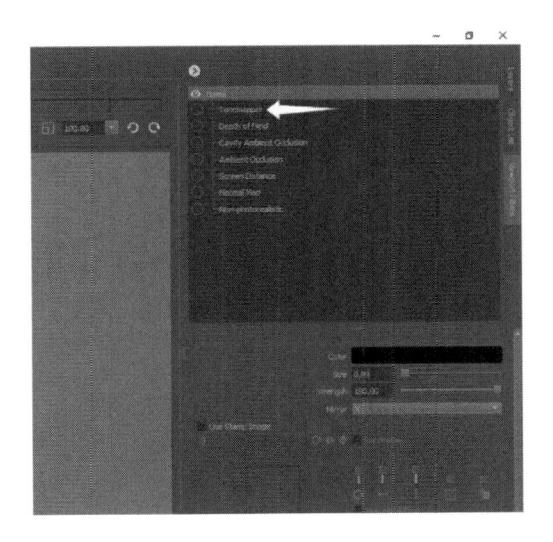

- ***Depth of Field***: permite simular a profundidade dos efeitos de campo inerentes às lentes de câmeras ópticas instantaneamente. Portanto, um intervalo específico próximo e distante da câmera pode ser definido para que os itens dentro do intervalo especificado apareçam focados pela lente da câmera e os itens fora desse intervalo apareçam desfocados ou borrados.

Figura 2.29 _ **Detalhe da *viewport* do *Depth of Field***

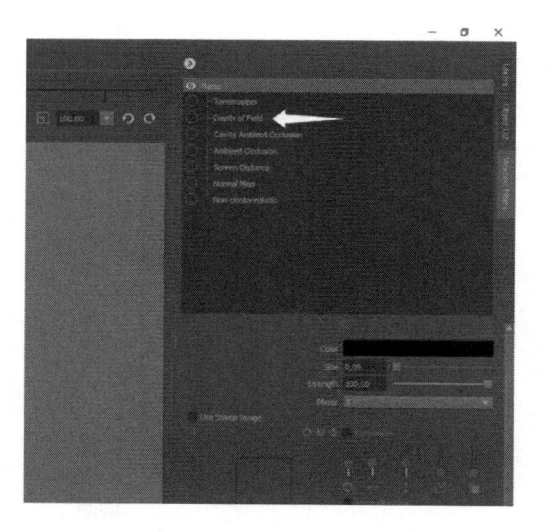

- ***Cavity Ambient Occlusion***: permite simular os efeitos de oclusão escurecendo rachaduras, fendas, cantos e pontos de contato em superfícies renderizadas. Esse recurso dá mais realismo ao objeto, acentuando detalhes no sombreamento, principalmente em modelos que apresentam bastante elementos em sua malha.

Figura 2.30 _ **Detalhe da *viewport* do *Cavity Ambient Occlusion***

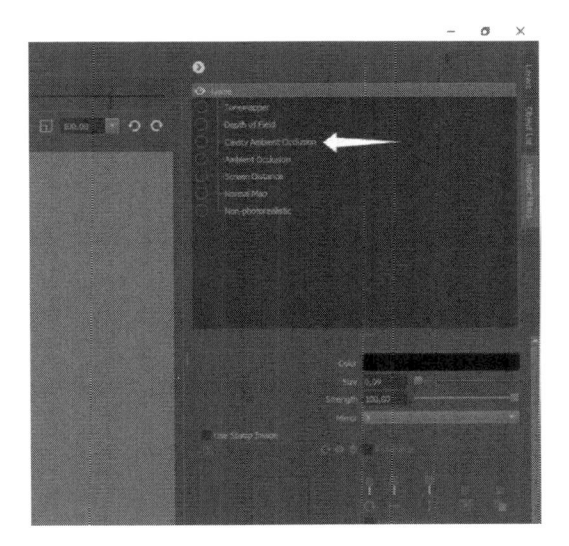

- ***Ambient Occlusion***: tem função similar à do *Cavity Ambient Occlusion*. No entanto, o *Ambient Occlusion* auxilia na avalição do objeto 3D em geral de uma maneira mais refinada, proporcionando mais detalhes ao sombreamento de modo sutil.

Figura 2.31 _ **Detalhe da *viewport* do *Ambient Occlusion***

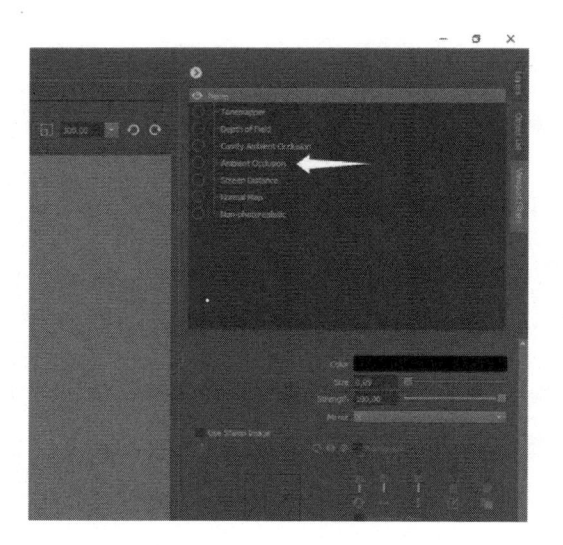

- ***Screen Distance***: útil para criar rapidamente *stencils, stamps,* ou *displacement maps* dos objetos esculpidos na cena. Ao ativar o filtro, a exibição da 3D *View* é alterada para que os objetos fiquem sombreados de preto e branco com base em sua distância em relação ao ponto de origem da câmera.

Figura 2.32 _ **Detalhe da *viewport* do *Screen Distance***

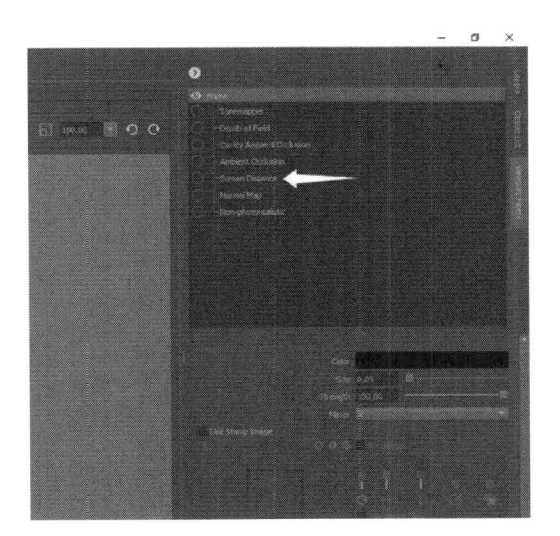

> **FIQUE ATENTO!**
>
> Todos os objetos na 3D *View* são considerados no cálculo da exibição de profundidade e, consequentemente, afetam o resultado final. Para melhores resultados, desligue a *grid* (*Display* > *Grid*) e quaisquer outros objetos desnecessários.

- ***Normal Map***: sombreia objetos na cena usando valores de cores RGB com base na orientação de suas coordenadas da superfície. É bastante útil para criar e visualizar *normal maps* rapidamente usando objetos esculpidos ou importou para a cena sem ter de usar o recurso de *extract texture maps*.

O QUE É

RGB: "Corresponde às iniciais das cores "Red" (vermelho), "Green" (verde) e "Blue" (azul). As telas exibem imagens com centenas de pixels. Cada um desses possui três sub-pixels: luz vermelha, luz verde e luz azul, que acendem em diferentes intensidades, com base na cor que o pixel exibe para produzir um resultado em um monitor preto.

Os valores RGB são exibidos em um intervalo entre 0 e 255. O que significa que existem 256 níveis de cada uma das três cores, que podem ser combinadas para criar uma cor no espectro entre preto e branco.

Por exemplo, o valor RGB para a cor preta é: 0,0,0 – o significa que há 0% de luz vermelha, 0% de luz verde e 0% de luz azul. Em outras palavras, há uma completa ausência de luz, logo, preto" (Vieira, 2020).

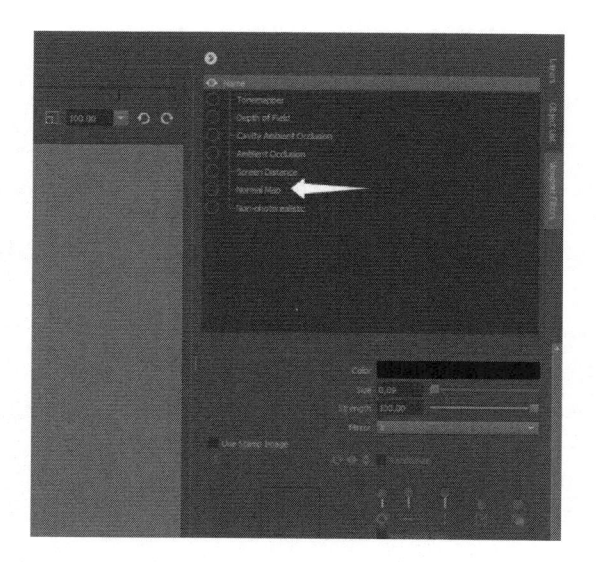

Figura 2.33 _ **Detalhe da *viewport* do *Normal Map***

Autodesk® Mudbox

- *Non-photorealistic*: exibe objetos na cena com uma aparência de esboço desenhado à mão. É um filtro que possibilita conferir à sua modelagem um formato mais conceitual em termos de desenvolvimento.

Figura 2.34 _ **Detalhe da *viewport* do *Non-photorealistic***

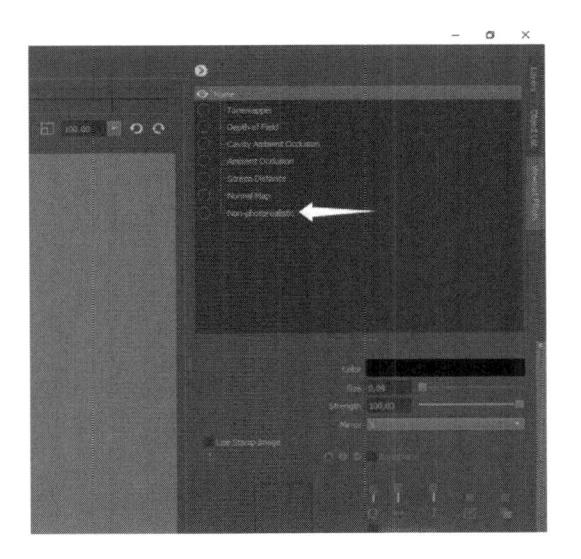

Com todos esses recursos apresentados, podemos prosseguir no conteúdo e colocar a mão na massa! No próximo capítulo, vamos tratar do trabalho de modelagem propriamente dito aplicando recursos do *software* Maya.

2.3 Fluxo de trabalho e modelagem

É chegado o momento de percorrermos o *software* Maya e apresentar todas as funções disponíveis para modelagem, especificamente, a modelagem do rosto. Para isso, é necessário recorrermos ao fluxo de trabalho para que todos os detalhes não sejam negligenciados. Isso é muito importante para que a produção seja mais realística.

Não nos concentraremos no estabelecimento de um modelo único de fluxo de trabalho, pois cada artista tem suas preferências na condução da criação. Com o conhecimento técnico acerca das ferramentas e dos recursos de que o *software* Maya dispõe, existem outros fatores que devem ser considerados nessa etapa de trabalho, pois trata-se de processo criativo com ritmo e constância particulares. No entanto, existem pontos imprescindíveis para que um fluxograma adequado ao *design* de *games*.

Alguns pontos mencionados a seguir podem auxiliar a elencar prioridades na construção da modelagem do personagem, de modo a garantir maior desempenho de resultados.

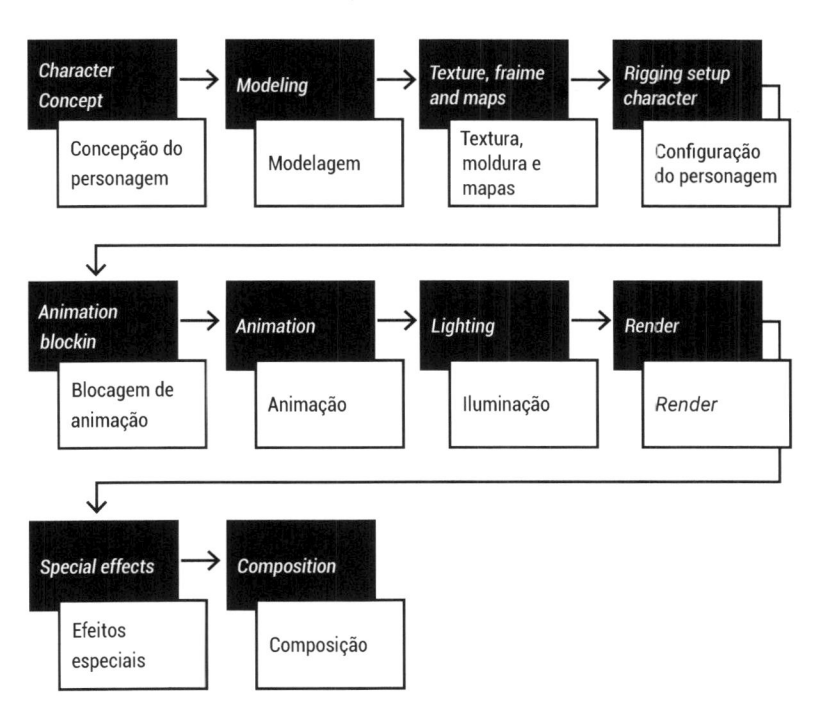

Figura 2.35 – **Prioridades na construção do personagem**

```
[Character Concept] → [Modeling] → [Texture, fraime and maps] → [Rigging setup character]
 Concepção do         Modelagem     Textura,                     Configuração
 personagem                         moldura e                    do personagem
                                    mapas
        ↓
[Animation blockin] → [Animation] → [Lighting] → [Render]
 Blocagem de          Animação      Iluminação   Render
 animação
        ↓
[Special effects] → [Composition]
 Efeitos              Composição
 especiais
```

Considerando que cada profissional tem um método de trabalho ou elege um padrão, no contexto do modelo de escultura digital, o *designer* já se utiliza de volumes, formas e expressões, e assim o modelo é enviado para os devidos ajustes.

Feita uma base *mesh* (máscara de base) no *software* Maya, ela pode ser modelada no Mudbox; em seguida, pode ser gerada uma retopologia própria (que veremos com maior aprofundamento no próximo capítulo) no Maya. Após a abertura da malha, é feita a geração de todos os detalhamentos e a composição da pintura aplicada no Mudbox. A malha poligonal feita nesse *software* precisa de otimização para que tenha alta resolução, ou seja, necessita de uma topologia adequada gerada pelo Maya para obter mais naturalidade. Com esse breve panorama, podemos passar ao início de trabalho de modelagem, realizado por meio de recursos do Mudbox.

2.3.1 Preparando um modelo para esculpir

O Mudbox trabalha com polígonos criados em outros aplicativos de modelagem em 3D, fazendo na sequência a importação. Caso você queira utilizar outra opção de modelos poligonais, podemos recomendar as malhas pré-fabricadas (base *mesh*). Nesse caso, é necessário criar primeiramente um modelo poligonal 3D, exportá-lo e aplicar os formatos de arquivo FBX ou OBJ e, em seguida, importar para o Mudbox. O *software* facilita esse processo, fazendo automaticamente a verificação dos arquivos e avaliando seu correto funcionamento, o que otimiza o tempo do profissional antes que ele dê início à pintura do modelo a ser esculpido.

É possível ativar essa preferência na opção *Edit*. Na exportação da geometria selecionada pelo formato FBX, essa configuração é armazenada no arquivo FBX para que possa ser lida pelo mecanismo do jogo. Os objetos são enviados do Maya para os aplicativos de destino usando o formato FBX.

Na sequência, começaremos a trabalhar com a texturização de modelos e com os recursos aplicados para esse trabalho: textura UV, faces do polígono e *Edge Loop/Ring Flow*:

- **Textura UV**: a função dos UVs (as letras "U" e "V" dizem respeito aos eixos da textura 2D) existem para definir um sistema de coordenadas de textura bidimensional, denominado *espaço de textura UV*. As primitivas de superfície de polígono e subdivisão têm coordenadas de textura UV padrão que podem ser usadas para mapeamento de textura.

  Desdobrar UVs ajuda a minimizar a distorção dos mapas de textura em malhas orgânicas poligonais, otimizando a posição das coordenadas UV para que reflitam mais de perto a malha original. Existem ferramentas de edição UV no Maya que permitem corrigir a sobreposição UV. Por exemplo, ao mostrar a coloração da *skin* UV, é exibida uma cor sobreposta na parte superior da casca UV, que corresponde à mesma *skin* colorida no editor de UV.

- **Faces de um polígono**: é recomendada a escultura de modelos de polígono com quatro lados (*quads*). As faces poligonais no modelo devem ter o mesmo tamanho e forma para que criem regiões menores com o mesmo tamanho e forma e, assim, mantenham a qualidade quando subdivididas.

- *Edge Loop/Ring flow*: uma das melhores práticas para preparação e escultura de um modelo *loop* de borda/fluxo de anel consiste em esculpir em modelo específico em vez de usar o modelo animado. Essa ação evita impactos em sua disposição e distribuição quando da realização de modificações no projeto. Isso pode acontecer porque, em alguns fluxos de trabalho, após a finalização da topologia, ela pode ser reconstruída com a função de receber os *Edge Loops* e, assim, tornar a modelagem mais fácil.

- **Localização do modelo em X, Y e Z**: antes de começar a esculpir, é muito importante que você garanta que o modelo esteja centralizado na visualização 3D ou cena em X, Y e Z de origem, isso no caso de realizar operações de escultura simétricas. Para modelos assimétricos, o Mudbox fornece recursos que permitem deslocamento.

Com esses procedimentos fundamentais para a modelagem, vejamos, na sequência, as ferramentas adequadas para esse trabalho.

2.3.2 Ferramentas de modelagem 3D

Entre os recursos de modelagem disponibilizados pelo Autodesk® Maya, citamos incialmente o *Mesh: Cleanup*. O Mudbox suporta, no máximo, 16 bordas nas superfícies de polígono. Nessa aplicação de modelagem 3D, a ferramenta *Mesh: Cleanup* serve para corrigir as configurações não suportadas como apontado anteriormente – o Mudbox não comporta arquivos, atributos ou caminhos de diretório que usem caracteres de *byte* duplo nos nomes, ou seja, somente o alfabeto latino cujo o *byte* é único. Na sequência, trataremos de outros recursos importantes para o trabalho com a escultura no Autodesk® Maya.

Sculpt Tools

Na aba de ferramentas de esculpir (*Sculpt Tools*), são selecionados recursos que manipulam a geometria ou o formato de um modelo.

Figura 2.36 _ **Sculpt Tools**

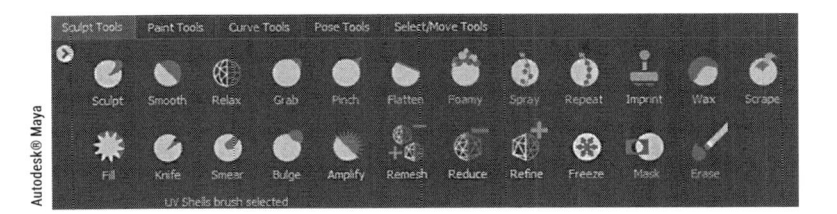

> **FIQUE ATENTO!**
>
> Se utilizar o botão do meio do *mouse*, arraste as ferramentas de uso frequente para as primeiras nove em uma única bandeja.

Pelo padrão do *software* Maya para o modo criação, é usada uma esfera implícita como objeto de escultura. São fornecidas 20 ferramentas-padrão e todas elas são passíveis de personalização. Vamos a elas?

- **Sculpt**: serve para construir as formas de início do modelo e movimenta os vértices em determinada direção, fazendo a média de todos os normais dentro do limite do cursor da ferramenta. *Atalho* – Ctrl + 1 pressionado ativa a ferramenta esculpir enquanto outra ferramenta já estiver ativa.

  Use a configuração *Direção* se quiser mudar para configuração padrão. Exemplo de câmera X, Y, Z em diante.

Figura 2.37 _ **Sculpt**

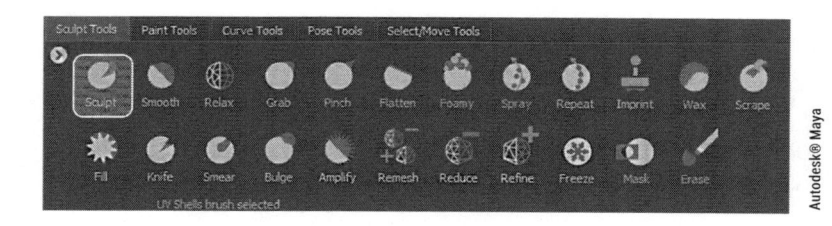

- **Smooth**: essa ferramenta analisa os níveis de posição quanto aos vértices de um polígono e reposiciona todos em uma relação mediana. Seu efeito deixa a modelagem mais suave, pois nivela as posições dos vértices umas às outras.
  Atalho: pressione Ctrl + 2 quando for necessário suavizar.

Figura 2.38 – **Smooth**

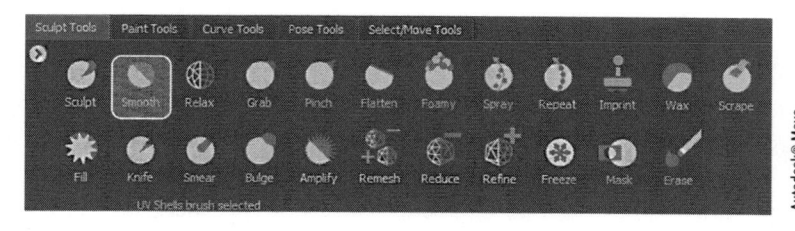

- **Relax**: calcula a média dos vértices na superfície preservando sua forma de origem. Em resumo, suaviza a topologia da malha.
  Atalho: pressione Ctrl + 3 quando desejar suavizar ou Ctrl + Shift para ativar temporariamente.

Figura 2.39 _ **Relax**

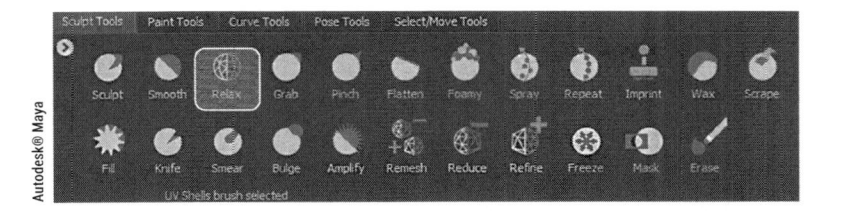

- **Grab**: útil para fazer ajustes na forma do modelo.
  Seleciona e move vértices com base na distância e na direção que você arrastar. Pode modificar a configuração de direção para restringir o movimento da ferramenta. Exemplo prático: XY restringe o movimento do vértice no plano XY.
  Atalho: pressione Ctrl + 4 para ativar.

Figura 2.40 – **Grab**

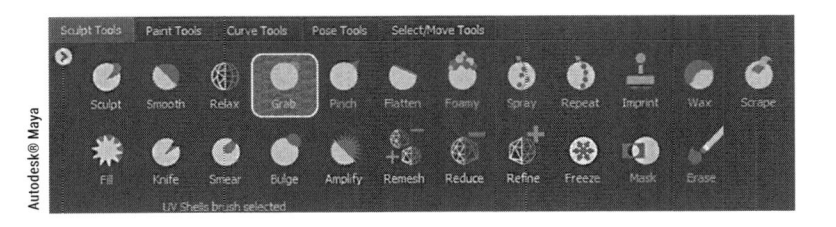

- **Pinch**: serve para definir um vinco ou uma quina bem acentuada. Puxa os vértices em direção ao centro do cursor da ferramenta.
  Atalho: pressione Ctrl + 5 para ativar.

Figura 2.41 – **Pinch**

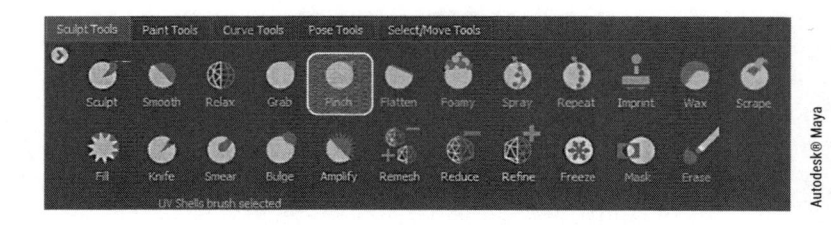

- **Flatten**: útil para achatar as áreas. Em direção a um plano comum, nivela os vértices afetados.
  Atalho: pressione Ctrl + 6 para projetar e detalhar.

Figura 2.42 _ **Flatten**

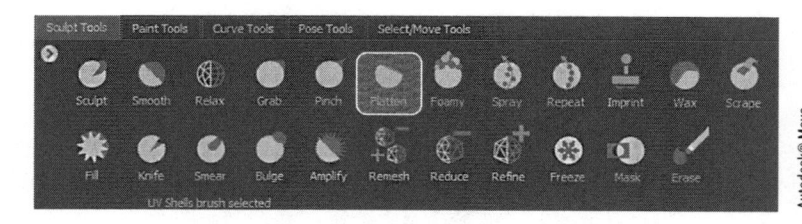

- **Foamy**: apesar da semelhança com ícone *Sculpt* não é indicada para trabalhos com detalhamentos, sendo utilizada para projetar formulários iniciais.
  Atalho: pressione Ctrl + 7.

Figura 2.43 _ **Foamy**

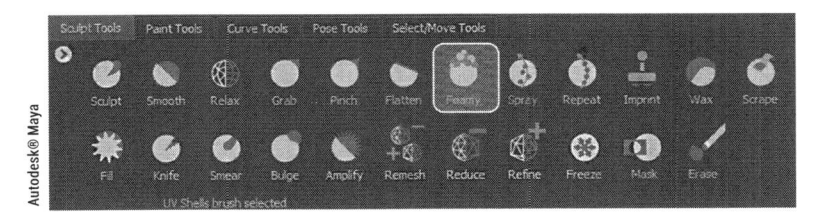

- ***Spray***: carimba aleatoriamente uma imagem ao longo do traço. Por definição, essa ferramenta utiliza um *Stamp* (carimbo).
  Atalho: pressione Ctrl + 8 para ativar.

Figura 2.44 _ **Spray**

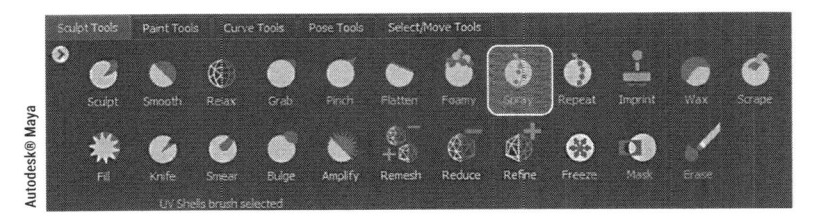

- ***Repeat***: cria padrões em uma superfície. Por exemplo, efeitos de zíper, pontos em tecido.
  Usa *Stamp* como imagem padrão.
  Atalho: pressione Ctrl + 9.

Figura 2.45 _ **Repeat**

- **Imprint**: pressiona uma imagem de carimbo na superfície que ficará deformada conforme o desenho. Também utiliza um *Stamp*.

Figura 2.46 _ **Imprint**

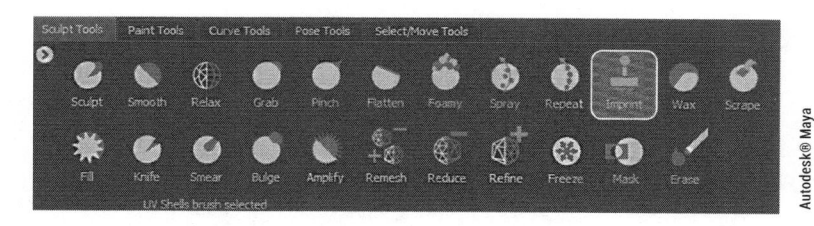

- **Wax**: constrói áreas em um modelo, adicionando ou removendo material da superfície do modelo. Se tem uma superfície com muitos detalhes, ao utilizar essa ferramenta, adicionará material sobre a superfície.

Figura 2.47 _ **Wax**

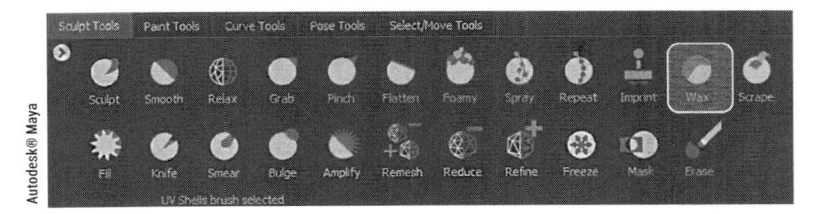

- ***Screap***: muito eficiente para remover ou minimizar recursos salientes. Calcula rapidamente um plano com base nas posições dos vértices em que o cursor é colocado pela primeira vez; na sequência, achata qualquer vértice que esteja acima do plano.

Figura 2.48 _ ***Screap***

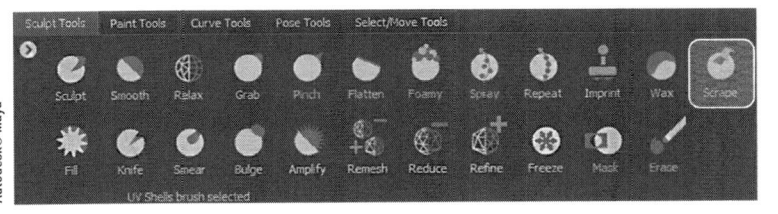

- ***Fill***: tem a função de preencher as cavidades da superfície do objeto calculando o preenchimento conforme o plano do objeto, puxando os vértices do plano para fazer o preenchimento do plano mais baixo para o mais alto.

Figura 2.49 _ **Fill**

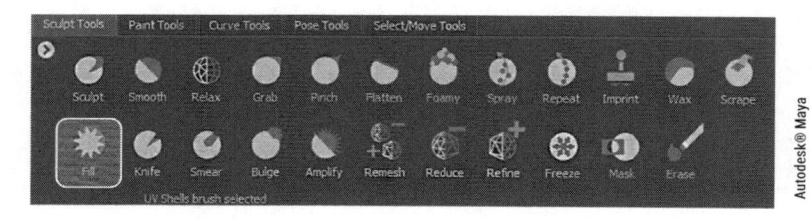

• **Knife**: corta traços finos em uma superfície e, por padrão, também utiliza um *Stamp*.

Figura 2.50 _ **Knife**

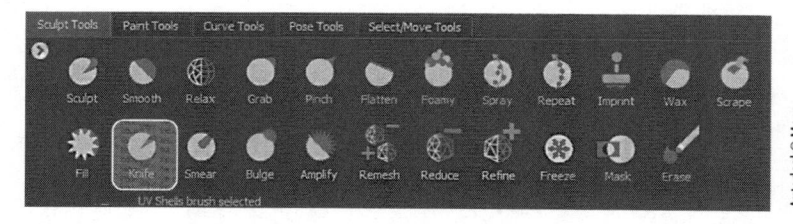

• **Smear**: é trabalhado diretamente na topologia da superfície porque move os vértices na direção do movimento.

Figura 2.51 _ **Smear**

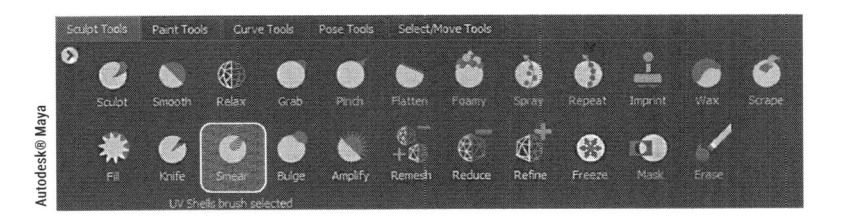

- **Bulge**: é apropriado para criar um efeito de protuberância. Essa ferramenta age como se inflasse a geometria.

Figura 2.52 _ **Bulge**

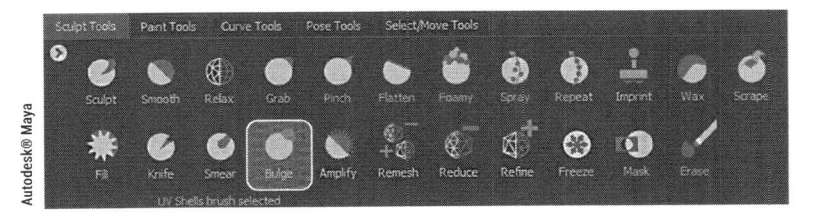

- **Amplify**: oposto da ferramenta *Flatten* que direciona para um plano comum, esse recurso ícone faz o movimento contrário. Move vértices longe de um plano comum e acentua ainda mais as diferenças entre os vértices afetados em relação uns aos outros.

Figura 2.53 – **Amplify**

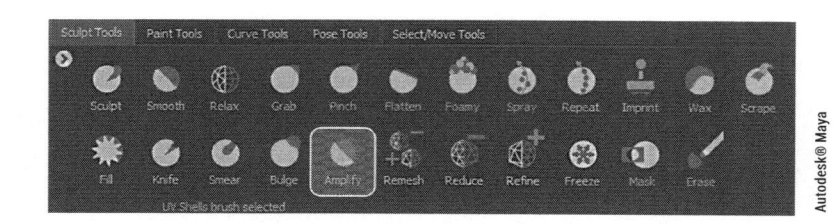

- **Freeze**: por padrão, os rostos congelados aparecem em azul. A ferramenta serve para bloquear os vértices afetados para que não possam ser modificados durante a escultura.
  Atalho: pressione Ctrl + 0 para congelar.

Figura 2.54 _ **Freeze**

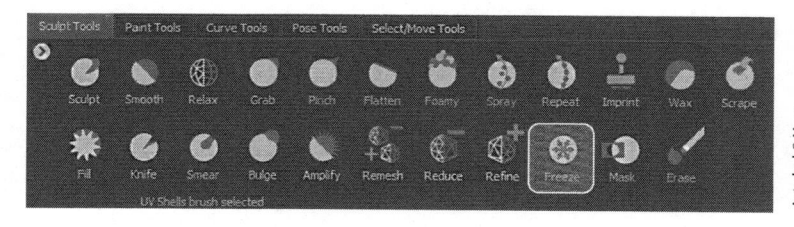

- **Mask**: Funciona apenas em camadas *Sculpt,* e não no nível de subdivisão de base para o modelo, pois cada camada *Sculpt* pode ter sua própria máscara.

Figura 2.55 – **Mask**

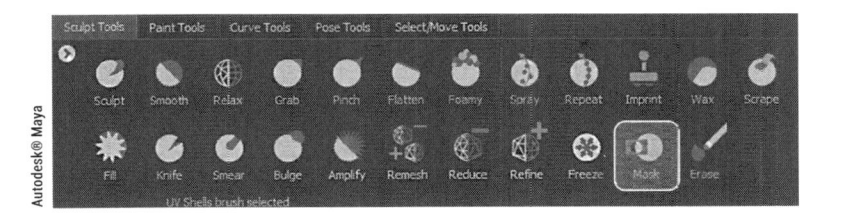

- ***Erase***: Para habilitar as propriedades da ferramenta, é necessário clicar sobre ela e acessar o painel.

Figura 2.56 – **Erase**

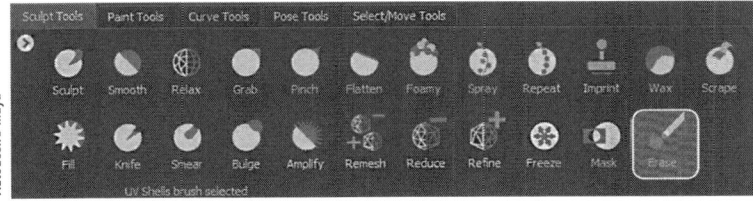

Figura 2.57 _ **Erase layer**

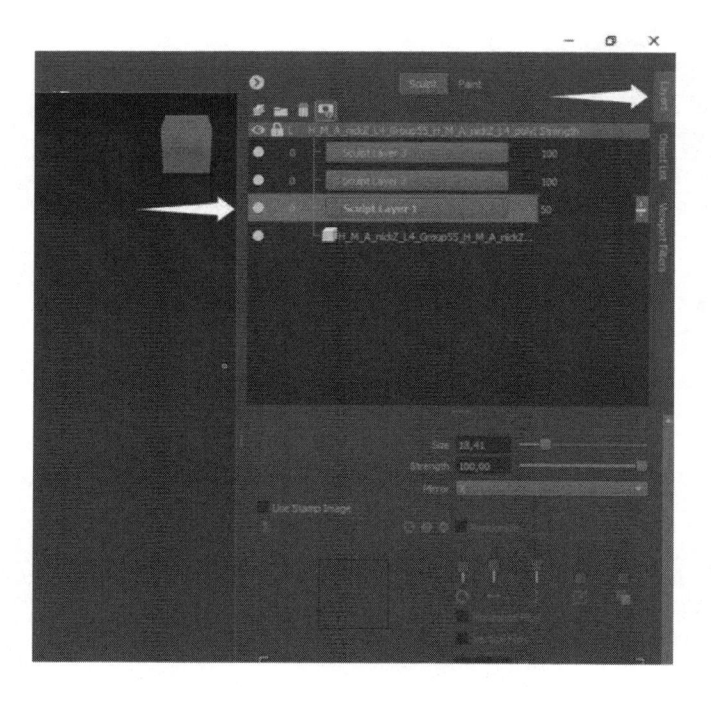

A maioria das ferramentas *Sculpt* tem propriedades de ajustes para a modelagem, como veremos na sequência.

2.3.3 Ferramentas de escultura e suas propriedades

Antes de iniciar a descrição das propriedades das ferramentas, é importante destacarmos que quando uma ferramenta utiliza um selo/carimbo, ela está usando uma imagem de apoio.

- *Size*: define o raio da ferramenta. Para alterar o tamanho do raio do pincel, pressione a tecla B e arraste para a direita ou para a esquerda o botão esquerdo do *mouse*.

FIQUE ATENTO!

Clique no ícone de alfinete para salvar a configuração. Todas as configurações de tamanho do pincel não fixadas para as outras ferramentas compartilham igual valor.

- *Strenght*: determina o nível em que a ferramenta pode alterar a superfície. Para ajustar a intensidade do pincel, pressione a tecla M e arraste para cima ou para baixo com o botão esquerdo do *mouse*.

IMPORTANTE

Conforme a ferramenta, esse valor representa uma porcentagem da potência máxima disponível ou uma altura expressa em unidades espaciais.

- *Twist*: gira os vértices em uma malha usando o raio e a queda do pincel. A direção da rotação é determinada pela configuração específica de direção da ferramenta *Grab*. O anel do pincel da ferramenta, quando ativado, fica branco.
- *Mirror*: afeta o que você fizer de um lado do modelo para outro ao longo do eixo especificado:

» X reflete para o espaço do eixo X.
» Y reflete para o espaço do eixo Y.
» Z reflete para o espaço do eixo Z.
» *Tangent* reflete traços por meio da linha central topológica de um modelo simétrico.

Para usar o *Mirror* de espaço *Tangent*, defina o centro topológico do modelo.

- *Invert*: inverte a função da ferramenta. Caso necessite, pressione CRTL e inverta a função.

EXEMPLIFICANDO

Se a função primária da ferramenta é puxar os vértices para cima, seu inverso é empurrar os vértices para baixo.

- *Use Stamp Image*: fundamentado na escala de valores de cinza, a superfície do modelo será afetada. A ferramenta permite esculpir com o *Stamp* selecionado. Resumindo: branco puro será 100% da intensidade e preto puro será 0%.
- *Oriente To Stroke*: orienta o *Stamp* para seguir a direção de sua pincelada, quando ativada.
- *Rotate, Horizontal And Vertical Flip*: gira o *Stamp* e inverte a posição, espelhando para horizontal e vertical aleatoriamente.
- *Randomize*: liga os controles aleatoriamente para a ferramenta *Stamp*.

FIQUE ATENTO!

Passe o *mouse* sobre as alavancas e várias opções serão mostradas exemplificando suas funções.

- ***Stamp Spacing***: controla a distância entre as impressões que a ferramenta faz quando você esculpir com o *Stamp*.
- ***Snap to Curve***: a ferramenta se encaixa a uma curva ativa quando o cursor se desloca a uma distância especificada.
- ***Snap to Curve Distance***: define a distância da curva do cursor. O padrão é 60.
- ***Snap***: restringe os pontos para a grade.
- ***Store To***: na bandeja do *Sculpt*, salva a curva modificada.
- ***Steady Stroke***: ajuda a produzir um traço mais suave, filtrando o movimento do *mouse*.
- ***Buildup***: em um único golpe, controla a taxa da deformação do pincel para atingir a força máxima.
- ***Flood***: mesclagem ativa. Pinta o respectivo efeito sobre todo o destino.
- ***Reset***: redefine as propriedades da ferramenta para valor padrão.
- ***Follow Path***: você deve seguir o caminho para *Grab*. Assim, conforme puxa as extensões com um gesto de varredura, a malha acompanha.

IMPORTANTE

Quanto mais lento for o caminho da pincelada, mais a malha se estende.

- **Falloff**: é representado com uma curva que pode ser editada. Determina a força da ferramenta em relação ao seu ponto de centro para borda externa.
- **Grab Silhouette**: a ferramenta específica agarra o lado frontal e traseiro da silhueta da malha para modificá-la uniformemente.

FIQUE ATENTO!

Use a vista ortográfica (topo, lado) para ter maior controle. Por padrão, essa opção está desativada.

- **Falloff Image**: ponto de inserir. Insere um novo ponto sob o cursor.
  Selecionar ponto: seleciona o ponto sob o cursor.
  Excluir ponto: apaga o ponto sob o cursor.

FIQUE ATENTO!

Clique com o botão direito do *mouse* na imagem do gráfico na janela *Propriedade* para acessar essas opções.

- **Falloff Start Angle**: ângulo de início de queda. Define o ângulo para reduzir o efeito do pincel.
- **Falloff Based on Facing Angle**: o Mudbox, quando ligado, reduz o efeito do *Sculpt* ou da ferramenta de pintura sobre as partes do modelo que estiverem afastadas da câmera. Você pode definir os valores da queda, com valores varáveis, usando *Falloff Start Angle*.

> **IMPORTANTE**
> Para ângulos de frente com mais de 90°, o pincel não tem efeito nenhum.

- ***Falloff Range***: o número de graus em que a queda continua, do mínimo a máximo. O intervalo permitido é de valores entre 0° e 180°.

> **EXEMPLIFICANDO**
> Se você definir o *Falloff Start Angle* a 45, o *Falloff Range* pode ser de 0 a 135.

- ***Advanced: Remember Size***: preserva o tamanho da ferramenta após a sua utilização. Quando desligada, assume o tamanho usado anteriormente.
- ***Orient to Surface***: orienta a exibição do cursor da ferramenta (na vista em 3D) ao longo da normal da face sob o centro do anel de cursor.

> **IMPORTANTE**
> Influencia o visor do cursor, mas não o efeito *brush* sobre a superfície.

- ***Draw Frow Center***: usado para a ferramenta *Imprint*. Determina como a imagem do carimbo se expande. Quando ligado, o centro do carimbo fica no ponto em que você clicar (padrão); quando desligado, a borda do carimbo fica ancorada.

- ***Affects All Layers***: quando acionado, todas as camadas de escultura são afetadas pela ferramenta.

IMPORTANTE

Exclusivo uso *Smooth*.

- ***Update Plane***: usado para *Flatten, Wax, Scrape, Fill* e ferramentas de *Contrast*. Recalcula o plano da ferramenta para cada *Stamp* em um traçado.
- ***Whole Stroke***: também para *Flatten, Wax, Scrape, Fill* e ferramentas de *Contrast*, enquanto a opção *Update Plane* estiver ativa, de forma contínua, recalcula o plano da ferramenta.
- ***Smooth Values***: específico para *Freeze, Mask e Erase*. Muda o pincel congelamento ou encobre para que os borrões sejam gradativamente afetados.

FIQUE ATENTO!

Tecla *shift*. Só funciona se os valores *Liso & Paint* estiveram desligados.

- ***Smooth & Paint Values***: aplica-se o congelamento ou a máscara enquanto borra a cor por informações de vértices. Próprio para *Freeze, Mask e Erase*.
- ***Direction***: especifica a direção do movimento dos vértices quando afetados por uma ferramenta.

- » *Centro normal*: desloca vértices na direção da normal da face, abaixo do centro da ferramenta.
- » *Média normal*: move vértices na direção da média das normais de todas as faces afetadas.
- » *Vértice normal*: move cada vértice na direção de sua própria normalidade.
- » *Para frente*: move vértice na direção do cursor.
- » *Direito*: vértices se deslocam perpendicularmente à direção do cursor.
- » *Tela (configuração-padrão para o painel Grab)*: move vértices ao longo do plano da tela.
- » X move os vértices ao longo do eixo X.
- » Y move os vértices ao longo do eixo Y.
- » Z move os vértices ao longo do eixo Z.

Com essa apresentação das ferramentas do Autodesk Mudbox, você já pode esculpir e modelar objetos e personagens de acordo com sua imaginação ou de acordo com o projeto que será designado. Além disso, você está apto a se localizar no espaço tridimensional e nas coordenadas das *viewports* de ambos os *softwares* do Autodesk.

SÍNTESE

Neste capítulo, apresentamos ferramentas de modelagem do Autodesk® Maya e demonstramos como criar um novo projeto do Maya e utilizar um projeto já existente, elencando as respectivas pastas que devem ser usadas para fazer de seu projeto um conjunto organizacional e sistemático de tudo que deve ser feito durante o processo para não se perder em seu trabalho.

Na sequência, explicamos como manipular uma *Shelve*, isto é, câmeras de navegação que dão maior mobilidade para visualização da cena por meio do *script* "shelf_General.mel", que habilita a aba *General*, que, por sua vez, contém novas câmeras de navegação e novas ferramentas para uma melhor comodidade no uso do *software*.

Introduzimos o Autodesk® Mudbox, conhecendo sua interface e seu *workspace* e apresentamos as ferramentas para esculpir objetos e modelar personagem.

Também tratamos do conjunto de *Views*, entre outras funções do *workspace*, que oferece melhor percepção e ajuste das texturas que são aplicadas nos personagens, bem como indicamos onde podem ser adquiridas as imagens para serem usadas com textura. Todas as *Views* têm uma importante função no Mudbox, sendo usadas para dar a precisão necessária para esculpir, modelar e texturizar os materiais que estão sendo criados.

Finalmente, elencamos várias ferramentas fundamentais para iniciar seu trabalho artístico. No capítulo seguinte, veremos, na prática, como manipular tudo o que aprendemos na criação e modelagem de um personagem.

LightField Studios/Shutterstock

CAPÍTULO 3

PLANEJAMENTO E FLUXO DE TRABALHO

Tendo trabalhado anteriormente as ferramentas do Autodesk® Maya e do Autodesk® Mudbox, neste capítulo mostraremos como colocar a mão na massa para modelar um personagem e refinar suas linhas e malhas. Ressaltamos que você deve familiarizar-se com as ferramentas tanto do Autodesk® Maya quanto do Autodesk® Mudbox – essa demanda é de suma importância para que você não se perca nas plataformas. Ciente de que o conhecimento só virá com a prática, pratique os termos, as localizações e as funções de cada ferramenta para que o trabalho de modelagem seja eficiente.

Nosso objetivo é mostrar como funciona a modelagem de um rosto e uma topologia favorável para uma futura animação – essa análise na topologia faz com que sejam reduzidas as quantidades de polígonos, transformando a face trabalhada em um modelo *low poly*. Nesse ponto, é preciso fazer a retopologia do personagem, isto é, o caminho para criar esse elemento pode variar de acordo com a *expertise* do profissional em determinado processo de modelagem; nesse caso, o fluxo de trabalho pressupõe uma decisão crucial para conseguir executar sua modelagem com destreza, daí a importância de saber manipular a integração dos fluxos de trabalho entre o Autodesk® Maya e o Mudbox.

Portanto, vamos *"startar"* a criatividade e a sofisticação do personagem que será criado, pois, a partir deste momento, iniciaremos a modelagem do personagem passo a passo.

Vale salientar que, para um trabalho de criação de modelagem e texturização de um personagem em 3D para jogos eletrônicos, toda a estruturação do projeto deve estar nítida para toda a equipe: devem estar devidamente esclarecidos dados como a função de cada um dos envolvidos no projeto e o tempo de produção, criação, modelagem, retopologia, animação, renderização e finalização *high end* do personagem.

Contudo, reforçamos a necessidade de alinhar o fluxo de trabalho, pois todas as decisões tomadas interferem na execução do projeto como um todo. Saulo Veltri (2014), publicitário e instrutor certificado da Autodesk, traz uma noção profissional dos estágios do fluxo de trabalho para uma produção em 3D, como demonstra a Figura 3.1, a seguir.

Figura 3.1 – **Fluxo de trabalho em típica produção em 3D**

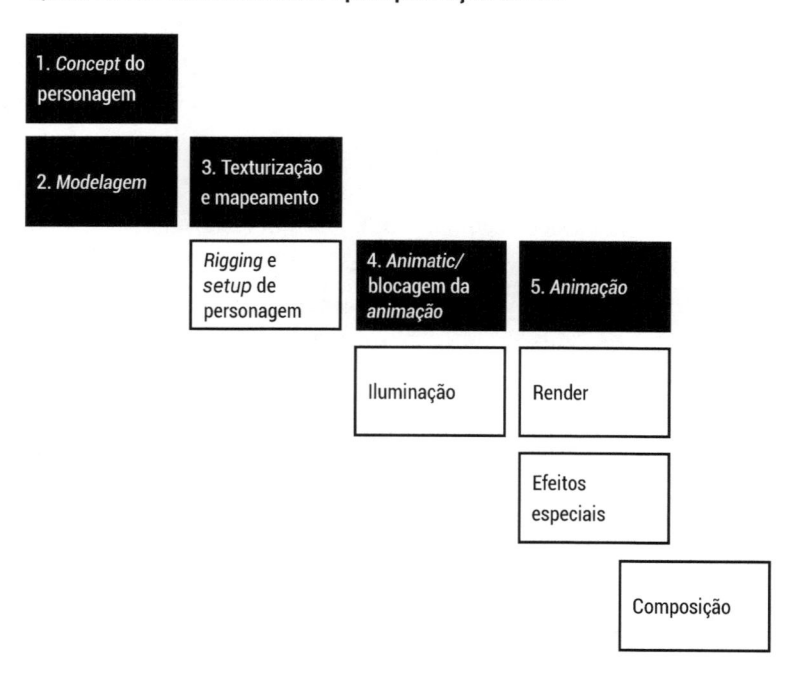

1. *Concept* do personagem

2. *Modelagem*

3. Texturização e mapeamento

Rigging e *setup* de personagem

4. *Animatic*/ blocagem da *animação*

5. *Animação*

Iluminação

Render

Efeitos especiais

Composição

Fonte: Veltri, 2014, p. 6.

De acordo com Veltri (2014), os itens numerados de 1 a 5 no fluxograma se referem a etapas de produção realizadas com uso do Autodesk Mudbox. Portanto, o estudo que faremos neste capítulo pode influenciar efetivamente o projeto de produção dos personagens 3D.

Ademais, já tratamos, entre outros processos, da concepção do personagem, da modelagem, da texturização e do mapeamento; no entanto, ainda não falamos da *retopologia*, termo muito usado pelos *designers* e modeladores 3D. Vamos descobrir do que se trata esse processo?

3.1 O que é retopologia?

Antes de explicarmos o que é e como funciona a retopologia, vamos relembrar alguns conceitos a respeito de um modelo 3D. O modelo tridimensional pode ser um personagem, um objeto, uma cena ou outro elemento, sendo composto por uma junção de polígonos que dão origem a uma série de pontos responsáveis por dar forma ao objeto, como expomos na Figura 3.2, na sequência.

Figura 3.2 _ **Imagem dos polígonos e pontos de interseção**

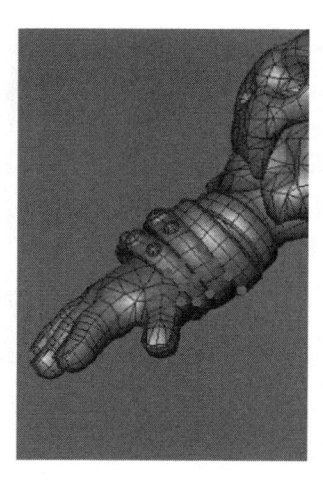

Autodesk® Mudbox

A Figura 3.2 demonstra exatamente a complexidade da malha. Observe que, quanto maior for a quantidade de polígonos e pontos de interseção, maior será a qualidade da malha do objeto que está sendo modelado. Para ilustrar com mais exatidão etapa da retopologia, vamos explicar de maneira mais prática.

Em qualquer *software* 3D, no decorrer da modelagem do objeto ou do personagem tridimensional pode haver a necessidade de o *designer* adicionar mais detalhes ao personagem. Desse modo, é preciso aumentar a resolução ou a qualidade da malha de modelagem, o que gera uma complexidade maior de polígonos, principalmente na etapa de modelagem dos membros de manipulação, mãos, braços, rosto, pescoço, dobras das articulações, assim como outros membros que demandem aumento de polígonos para maior qualidade do personagem (Figura 3.3).

Figura 3.3 _ **Imagem dos polígonos com *"High Poly"***

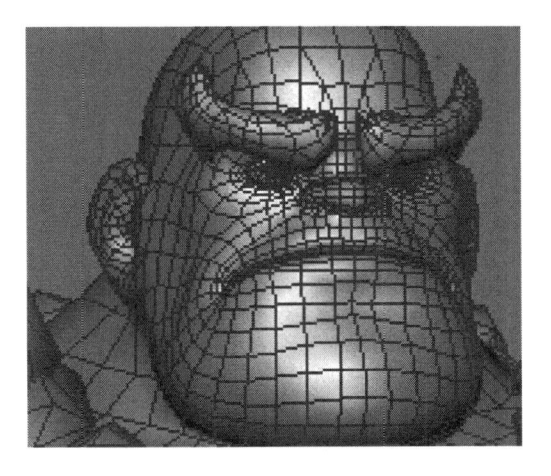

Autodesk® Mudbox

É nesse momento que a etapa da retopologia pode auxiliar. Como isso acontece? Esse procedimento cria uma referência do modelo original, gerando um modelo com a mesma silhueta, mas com uma quantidade reduzida de polígonos, sem os detalhes finos que a modelagem apresentava originalmente, como você pode verificar na Figura 3.4, a seguir.

Figura 3.4 _ **Imagem dos polígonos com *"Low Poly"***

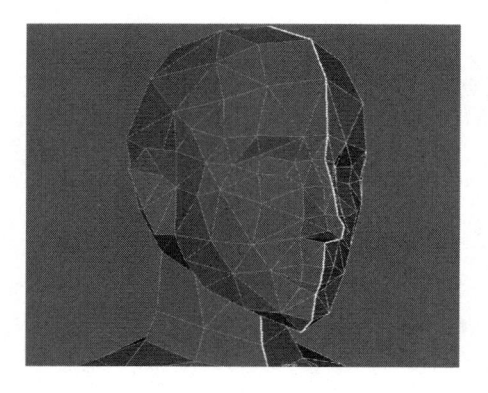

Observe que os detalhes de marcas de expressão do rosto foram restringidos ou suprimidos dos detalhes da malha *"High Poly"*. Portanto, a imagem de *"Low Poly"* é uma imagem de baixa quantidade de polígonos, diferentemente da *"High Poly"*, que tem uma maior quantidade de polígonos, proporcionando uma qualidade mais elevada à imagem (Figura 3.5).

Figura 3.5 _ **Imagem dos polígonos com *"High Poly"***

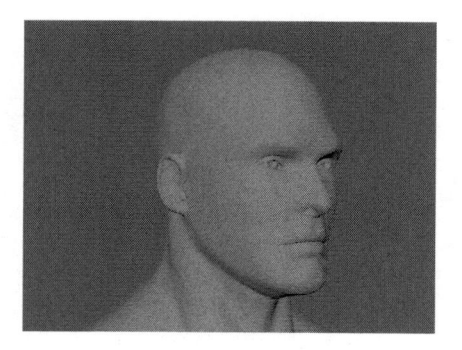

Logo, essa etapa é de extrema importância para os *designers* de *games*, pois o desenvolvimento dos personagens exige muita minúcia e riqueza de detalhes, o que pode inviabilizar o projeto e seu desenvolvimento. Na sequência, vamos analisar os pormenores da modelagem do rosto, usando o Autodesk® Mudbox como ferramenta de referência.

3.2 Autodesk® Mudbox: modelagem do rosto

Para materializarmos os conteúdos desta seção, iniciaremos o processo de modelagem de uma cabeça. Com as informações dos passos que vamos apresentar, você poderá ativar sua criatividade e modelar o personagem que preferir.

FIQUE ATENTO!

Lembre-se de que a interface e a navegação do Mudbox são bastante intuitivas e de fácil manipulação. Com o aprendizado dos capítulos anteriores, você já está apto a iniciar a modelagem.

Ao abrir o Mudbox, o *software* iniciará com a tela de boas-vindas *(Welcome)*, na qual você pode escolher a escultura que deseja modelar. Nesse estágio, a ferramenta proporciona as principais esculturas para facilitar o trabalho.

IMPORTANTE

A tela de boas-vindas pode ser aberta também quando o usuário escolher a opção *File/New Scene*.

Figura 3.6 – **Tela *Welcome* do Mudbox**

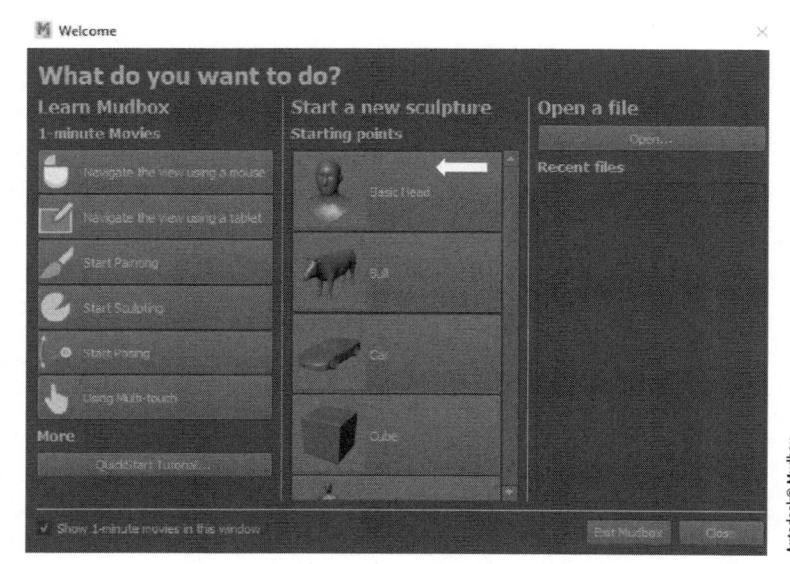

Como nosso objetivo é modelar uma cabeça, aproveitaremos a forma básica primitiva disponibilizada pelo Autodesk® Mudbox. Vamos iniciar o trabalho?

Clique na *basic head* para que o *software* abra a *viewport* principal já com o formato básico da cabeça a ser modelada. Em seguida, ajuste as ferramentas no painel de controle para que a modelagem do personagem seja mais eficiente.

Figura 3.7 – **_Viewport_ principal do Mudbox**

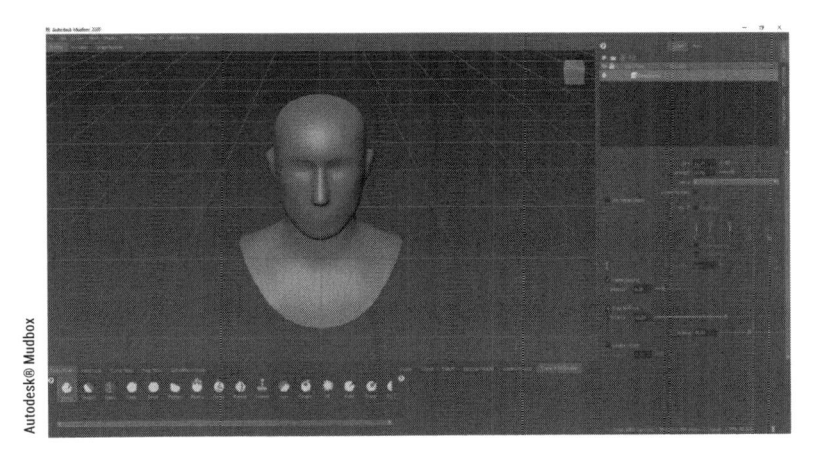

Na sequência, acesse o painel de controle e ative o ícone *Mirror* no eixo X. Assim, quando realizar qualquer modificação na modelagem, a alteração será feita milimetricamente nas mesmas dimensões nos dois lados.

Figura 3.8 – **Painel** *Mirror*

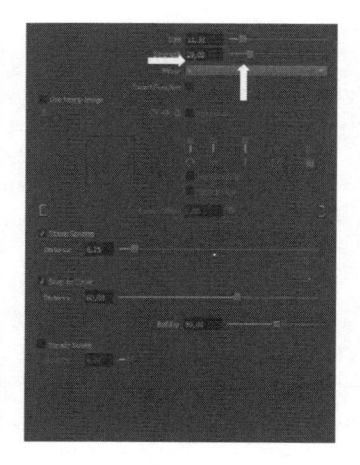

FIQUE ATENTO!

Para ativar a ferramenta *Sculpt*, pressione a tecla 1.

Na sequência, acesse a *Viewport* principal e clique na opção *Front* do *View Cube*, o que fará com que o modelo da *Viewport* fique na posição frontal.

Figura 3.9 – ***View Cube Front***

Agora, ajuste o pincel para *Size* 10, juntamente à pressão do pincel para *Strength* 15.

Figura 3.10 – **Size e Strength**

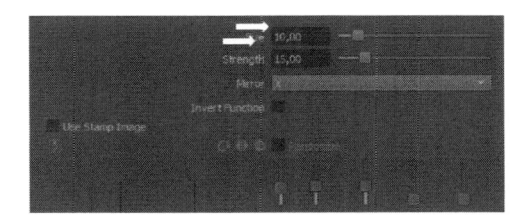

Autodesk® Mudbox

FIQUE ATENTO!

Para um acesso mais rápido ao ajuste do pincel, pressione B + botão esquerdo do *mouse*; em seguida, arraste para a esquerda para diminuir o raio do pincel ou para a direita para aumentá-lo. A pressão do pincel pode ser acessada pela tecla M + botão esquerdo do *mouse*, arrastando para cima ou para baixo para diminuir a pressão.

Realizados esses ajustes, vamos fazer as marcações dos olhos. Não se esqueça de pressionar a tecla Ctrl para fazer a inversão da função da ferramenta. Elaboradas as cavas dos olhos, pressione a tecla *Shift* para suavizá-las.

Figura 3.11 – **Modelagem dos olhos**

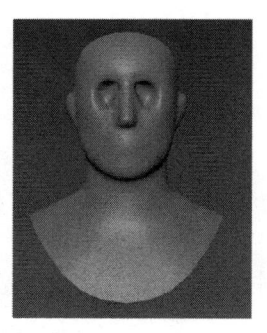

FIQUE ATENTO!

Lembre-se sempre de salvar sua cena: pressione Ctrl + S e salve seu personagem na pasta desejada com o nome de sua preferência.

Para uma melhor visualização e suavidade, aumente a malha, pressionando Shift + D. Na sequência, inicie a marcação no nariz.

Figura 3.12 – **Modelagem do nariz**

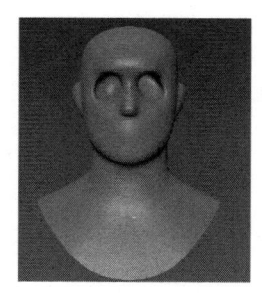

A suavização da malha é um processo que deve ser feito repetidamente até que a forma desejada seja atingida. Com a mesma ferramenta, efetue as nuances na testa, os ajustes no queixo e no topo da cabeça, sempre suavizando a malha com *Shift*.

Figura 3.13 - **Modelagem do queixo**

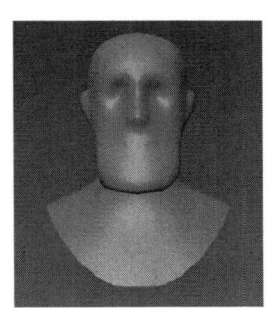

Autodesk® Mudbox

Agora, vamos compor os olhos do personagem. Para isso, insira uma esfera no personagem clicando em *Create Mesh* e *Sphere*.

Figura 3.14 - **Comando *Sphere***

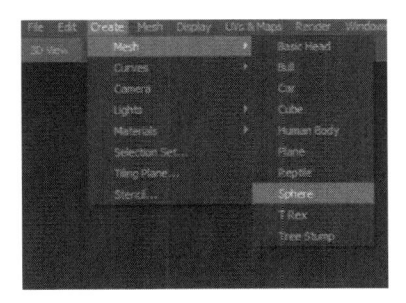

Autodesk® Mudbox

Com esse comando, o *software* criará um novo objeto, no qual é possível modelar os olhos do personagem.

Figura 3.15 – **Sphere**

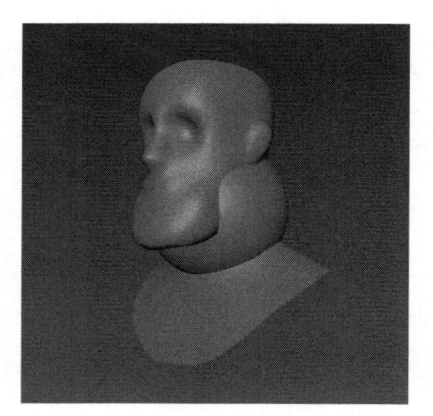

Autodesk® Mudbox

FIQUE ATENTO!

Lembre-se de que uma das obrigações do usuário em qualquer plataforma de criação 3D é manter seu projeto organizado, com todos os objetos devidamente nomeados. Portanto, clique na lista de objetos e denomine-o como "Olho dir." na opção *Object List*. Para isso, basta clicar com botão direito do *mouse* em *Sphere > Rename Object >* ok.

Figura 3.16 – **Rename Object**

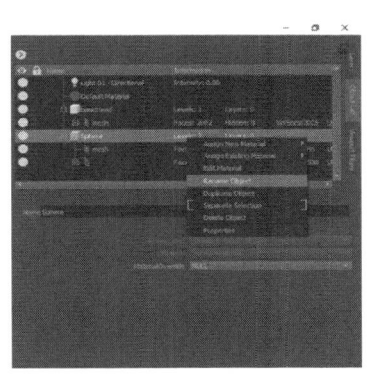

Faça o mesmo procedimento para renomear o *basic head* para o rosto. Pronto, até esse momento, o projeto está organizado!

Figura 3.17 – **Objeto renomeado**

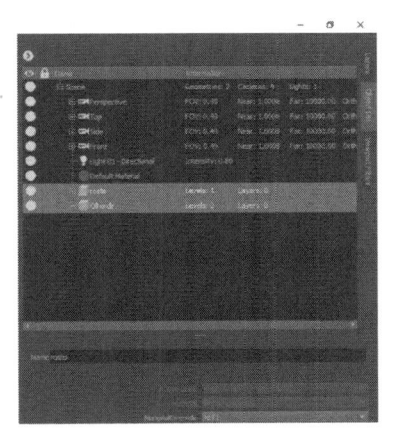

Agora, insira o olho direito no globo ocular do personagem por meio do comando *Select/Move Tools*.

Figura 3.18 _ **Select/Move Tools**

Autodesk® Mudbox

FIQUE ATENTO!

Para melhor manuseio desses comandos, utilize a tecla X mais os botões do *mouse*:

tecla X + botão esquerdo do *mouse* para rotação;

tecla X + botão do meio do *mouse* para mover;

tecla X + botão direito do *mouse* para escala.

Por meio desses comandos, insira o olho direito no personagem; para inserir o olho esquerdo, selecione o objeto, clique com o botão direito do *mouse* e acione *Duplicate Object*.

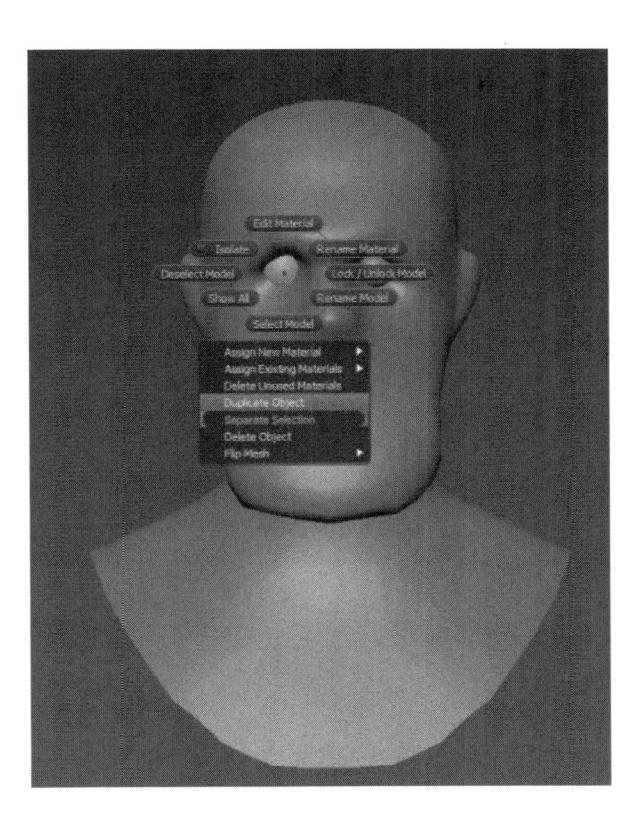

Figura 3.19 – **Duplicate Object**

Depois de ajustados os olhos e renomeados todos os objetos, é recomendável que você trave os acessos aos objetos clicando no cadeado do *Object List*.

Figura 3.20 – **Travando os objetos**

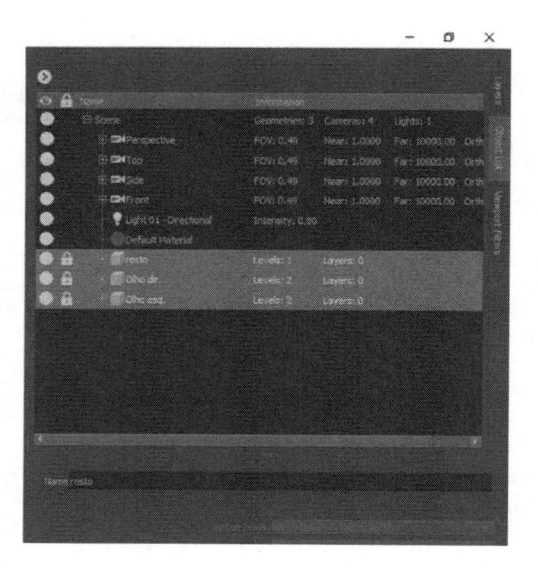

FIQUE ATENTO!

Caso os objetos na *Viewport* estejam amarelos, é sinal de que estão selecionados; para retirar a seleção, pressione Ctrl + D.

3.3 Modelagem das orelhas

A base primária de modelagem do *basic head* já conta com um par de orelhas. Para que o personagem tenha um perfil mais refinado, vamos moldá-las de modo que se ajustem ao rosto do personagem que estamos modelando. Vamos começar? Ative a ferramenta *Freeze* e marque a região da orelha.

FIQUE ATENTO!

Não se esqueça de deixar selecionado o *Mirror* no eixo X do painel de controle.

Figura 3.21 – **Marcação com a ferramenta *Freeze***

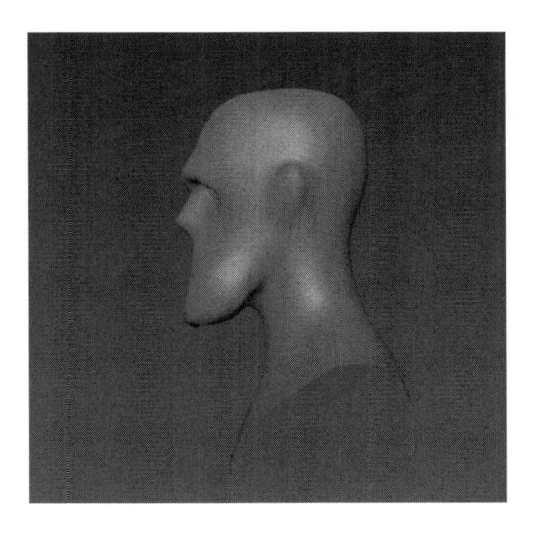

Uma vez selecionado o *Mirror* no eixo X, inverta a seleção demarcada acionando Shift + I; em seguida, selecione a ferramenta *Bulge*, que afeta todos os vértices selecionados, criando um efeito de protuberância ou saliência no objeto.

Figura 3.22 – **Efeito da ferramenta *Bulge***

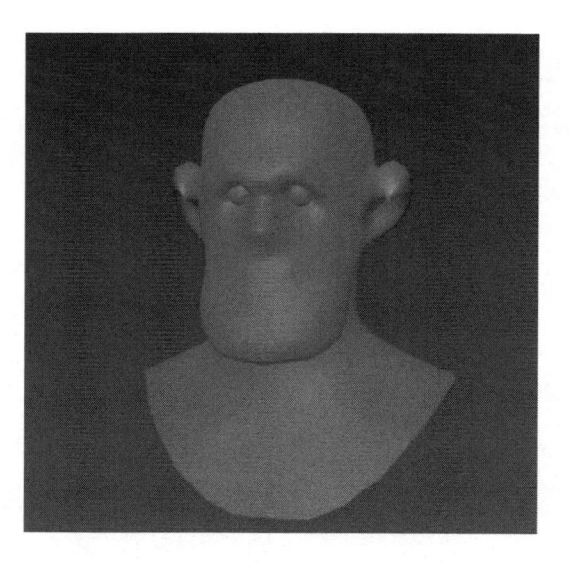

Autodesk® Mudbox

Molde as orelhas de acordo com o perfil do personagem. Como já salientamos, o personagem aqui modelado é apenas uma referência – você pode usar sua criatividade modelando o objeto ou o personagem que quiser, de acordo com os preceitos das ferramentas do Mudbox.

FIQUE ATENTO!

Para limpar a área selecionada, pressione Shift + U; caso queira aumentar as subdivisões da malha para dar maior suavidade ao personagem, pressione Shift + D. Perceba que, quanto mais se aumentam as subdivisões, mais pesado se torna o objeto ou o personagem; por isso, esse trabalho demanda uma boa placa de vídeo e um bom processador.

Figura 3.23 – **Ferramenta *Smooth***

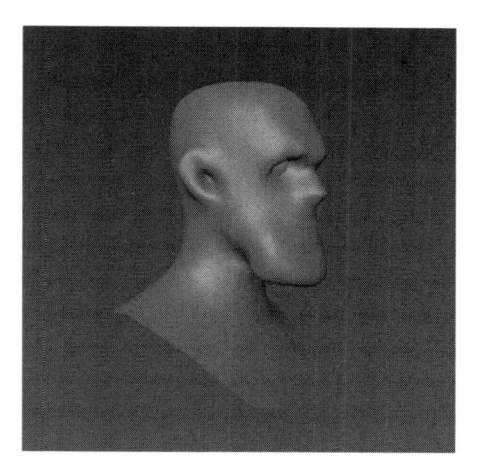

As ferramentas *Pinch* e *Smooth* servirão para dar um melhor acabamento aos detalhes das orelhas, até mesmo para que elas não fiquem muito marcadas.

3.4 Modelagem da boca

Na maioria das vezes, é a boca que confere a característica mais marcante do perfil do personagem: feliz, carrancudo, pensativo, calmo, bravo etc. Portanto, exercite sua criatividade criando a boca do personagem do modo que mais lhe agradar. Para modelá-la, use novamente a ferramenta *Bulge*. Marque uma posição entre o nariz e o queixo e faça a modelagem menos negativa possível para demarcar a boca.

Figura 3.24 – **Modelagem da boca**

FIQUE ATENTO!
Não se esqueça de que a tecla *Ctrl* sempre será usada para fazer a inversão da função da ferramenta.

Figura 3.25 – **Modelagem da boca (2)**

Faça os ajustes da modelagem com a ferramenta *Pinch*; caso queira verificar como a malha está ficando, pressione a tecla W. As suavizações devem ser feitas antes de dar o volume.

FIQUE ATENTO!

Para suavizar a boca, use as ferramentas *Relax* e *Smooth*.

Observe que o canto da boca é a região que mais necessita de malhas. Use, então, as ferramentas *Smear, Pinch, Smooth* e *Relax*, pois elas interagem melhor na topologia do local e da região que mais precisam de malhas.

FIQUE ATENTO!

Caso queira dar um pouco mais de volume para a boca, use as ferramentas *Grab* e *Foamy*.

Se você conseguir modelar a boca do modo que tem em mente e gostar do resultado, você está no caminho certo! Reiteramos: não se esqueça de salvar seu trabalho!

3.5 Modelagem das pálpebras dos olhos

O detalhe dos olhos do personagem também é de suma importância para a composição facial, pois é pelo olhar que o personagem apresenta seu íntimo; um personagem sem expressão no olhar não transpassa emoção. Por isso, o *designer* deve dedicar muita atenção ao olhar do personagem, a fim de que ele não fique com "olhar de peixe morto" em suas cenas. Então, vamos cuidar desse detalhe!

Ative as ferramentas *Sculpt* e *Steady Stroke* e faça as alterações no personagem para inserir o contorno nos olhos.

Figura 3.26 – **Efeito da ferramenta *Sculpt***

FIQUE ATENTO!

Use a ferramenta *Sculpt* e suavize com *Smooth*. O processo de suavizar os traços da face é importante para que o rosto não fique marcado de modo grosseiro.

Figura 3.27 – **Ferramentas da *Smooth***

Autodesk® Mudbox

Faça os ajustes das pálpebras superiores da mesma maneira e com as mesmas ferramentas utilizadas anteriormente. Todos os ajustes de refinamento da malha servem de exercício para o aprimoramento e a eficiência do *designer* na forma de modelar.

3.5.1 Pintar a íris dos olhos

Há várias formas de inserir a pintura nos olhos. Algumas técnicasutilizam-se do formato de outra esfera para criar a íris; no Mudbox, você pode optar por pintar o olho. Exatamente, pintar o olho!

A partir deste ponto do texto, mostraremos o passo a passo de produção de um material para pintar o formato do olho. Primeiramente, você deve travar o rosto no *Objetc List* e destravar os olhos. Em seguida, clique com o botão direito do *mouse* sobre os olhos, acione o *Assing New Material* e clique em *Mudbox Material*.

Figura 3.28 – **Mudbox Material**

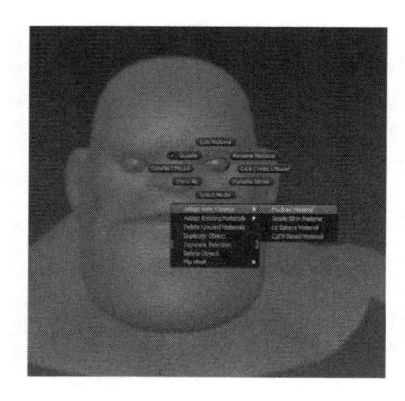

Ao clicar em *Mudbox Material*, o *software* abrirá o editor de material para que você possa escolher a cor do globo ocular de seu personagem. Feita a opção, basta selecionar *Done* que o objeto assumirá a cor escolhida.

Figura 3.29 – **Material**

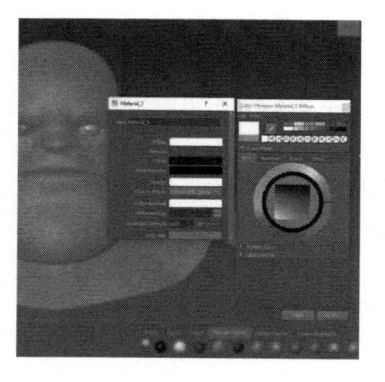

FIQUE ATENTO!

Não se esqueça do nosso preceito principal de manter organizado o projeto, dando nome aos objetos que integram a área do *Object List*.

Sendo assim, na área do *Object List,* clique com o botão direito do *mouse Material* e selecione *Rename Material*, alterando o objeto para o nome desejado – em nosso estudo, colocaremos "Material do olho".

FIQUE ATENTO!

Para inserir o mesmo material no outro olho, clique com o botão direito do *mouse* sobre o objeto e, em seguida, no ícone *Assign Existing Materials*, acionando o item já criado anteriormente, denominado "Material do olho".

Realizado esse procedimento, pinte a íris dos olhos do personagem da cor de preferência do designer. Para nosso personagem, escolha preto. Para isso, selecione a *Shelf Paint Tools* e escolha a ferramenta *Paint Brush*.

Figura 3.30 – **Shelf Paint Tools**

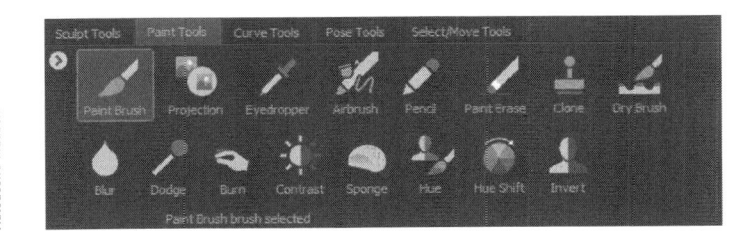

Ao selecionar o ícone *Paint Brush*, abre-se a aba para escolha da cor da íris dos olhos.

Figura 3.31 – **Color Brush**

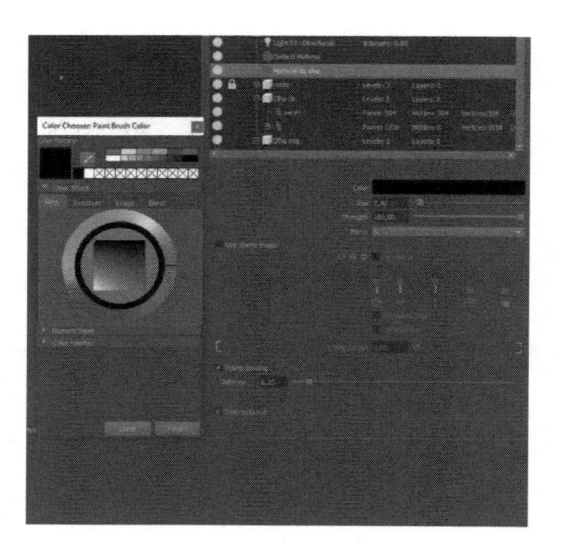

Depois de selecionada a cor do *Brush* que determinará a cor da íris, conclua o procedimento pressionando *Done*. Ao clicar no olho, aparecerá a aba *Create New Paint Layer*; nesse momento, renomeie o objeto como "Cor da íris".

Como criamos o *Layer* da íris, podemos desconsiderar e deixar o *Mirror* em *off*, pois as esferas receberam o compartilhamento do mesmo material. Portanto, o que for feito em um objeto será replicado no outro instantaneamente. Sendo assim, pinte um círculo na primeira esfera.

Figura 3.32 – **Cor da íris**

> **FIQUE ATENTO!**
> Para ajustar a rotação dos olhos, pressione a tecla X, clique no botão esquerdo do *mouse* e arraste.

Caso queira fazer mais ajustes no busto, trave o cadeado dos olhos do personagem e realize as correções necessárias. Use outras referências para dar maior realismo ao personagem – você pode estudar formas e a anatomia humana para aperfeiçoar seus trabalhos, pois esse esforço lhe dará novas percepções anatômicas e auxiliará na perspectiva espacial dos objetos.

Agora que você dispõe de noções mais avançadas de construção de formas em 3D, podemos passar à retopologia propriamente dita. Vamos à próxima seção?

3.6 Retopologia na prática

Como já explicamos anteriormente, a retopologia é um artifício que os *designers* de *games* usam para facilitar o processo de modelagem. Nessa etapa do fluxo de trabalho, o profissional reduz a quantidade de polígonos, transformando uma malha *"High Poly"* para uma estrutura de malha *"Low Poly"*. Esse processo agiliza o manejo do personagem na área de trabalho, bem como reduz o uso da memória e do processamento do *hardware* utilizado. Daí a grande importância dessa iniciativa; para que você possa desenvolver essa *expertise*, vamos acrescentar mais alguns termos usuais na modelagem, como *"Edge Loop"* e *"Modeling Toolkit"*, ferramentas presentes no Autodesk® Maya.

3.6.1 *Edge Loop* e sua funcionalidade

O *Edge Loop* é utilizado para auxiliar na resolução de problemas recorrentes da distorção da malha quando o personagem é animado. Uma modelagem desprovida da correta aplicação desse recurso faz com que a malha do personagem seja distorcida, o que pode descaracterizar o processo, principalmente nas animações. Por outro lado, uma aplicação incorreta do *Edge Loop* nas áreas de maior articulação, como as dobras dos braços, do cotovelo e das pernas, desconfigura a consistência dos movimentos e não confere o tensionamento correto a essas partes do personagem, desequilibrando as forças aplicadas nesses locais, logo, não dando fluidez ou efeito orgânico ao movimento.

Na fisiologia humana, podemos comparar o *Edge Loop* aos tendões – estruturas compostas por fitas fibrosas que têm a função de manter o equilíbrio estático e dinâmico do corpo –, encontrados em maior quantidade e frequência nas partes articuladas, como veremos na figura a seguir.

Figura 3.33 – **Sistema muscular**

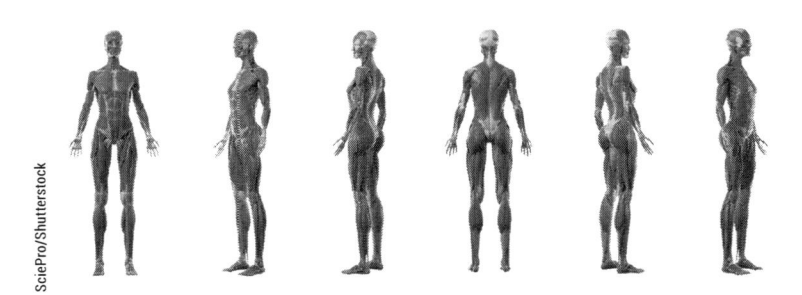

Ao perceber os detalhes da musculatura humana, especificamente, das articulações e dos tendões dos membros do corpo, o *designer* deve ter a consciência do sistema corporal e estudar profundamente a topologia e a fisiologia humanas para ter a noção corporal de seu personagem. Por isso, frisamos a do estudo do sistema muscular, pois o *Edge Loop* pode ser considerado como o sistema muscular de sustentação do personagem a ser modelado.

FIQUE ATENTO!

Caso você venha a modelar um personagem sem a intenção de animá-lo (personagem *still*), não precisa se preocupar com a criação das *Edge Loops* de forma efetiva, pois, como já expusemos, a função desse recurso é voltada aos movimentos orgânicos e físicos do personagem.

Podemos afirmar, então, que a *Edge Loop* é um caminho de arestas poligonais, conectadas em sequência por seus vértices compartilhados para dar sustentação à malha estrutural e orgânica do personagem. Para isso, uma *Edge Loop* segue alguns critérios – um deles é que os vértices que se conectam às *Edges* devem ser compostos por quatro *Edges* conectadas a determinado vértice.

Figura 3.34 – **Edge Loop**

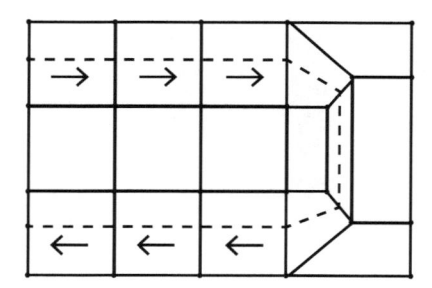

Fonte: Edge..., 2008.

A Figura 3.34 mostra exatamente como deve ser a malha, sua perspectiva e sua forma, que são precedidas de quatro *Edges* conectadas pelos vértices. Perceba também o estreitamento da malha para resistência local específica.

3.6.2 Modeling Toolkit

O Autodesk® Maya traz uma ferramenta exclusiva que admite a automatização do fluxo de trabalho e proporciona agilidade ao usuário na execução de suas tarefas. Para abrir o *Modeling Toolkit*, clique na linha *Status*.

Figura 3.35 _ **Modeling Toolkit**

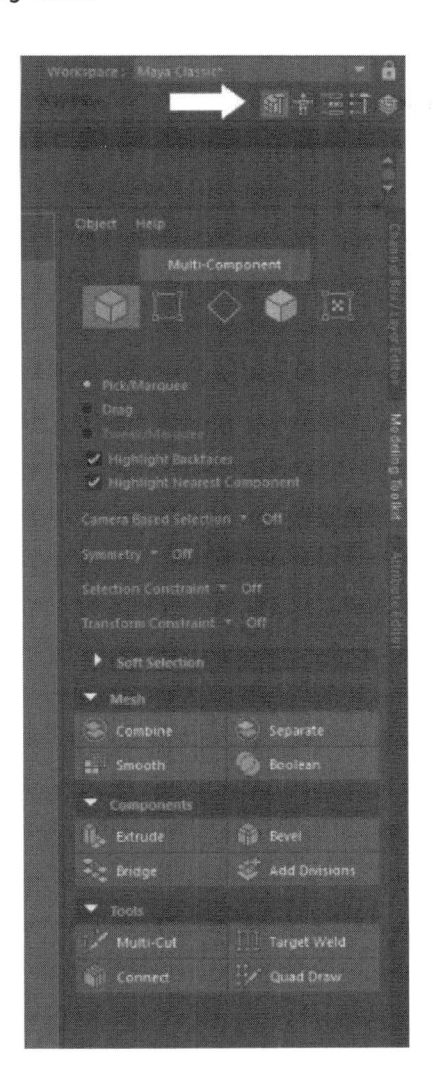

Esse recurso permite iniciar vários fluxos de trabalho de modelagem em uma única janela. Por essa razão, trataremos brevemente de suas funcionalidades e de algumas de suas ferramentas, que podem agilizar as tarefas do *designer* de *games*.

Menu do *Modeling Toolkit*

No menu do *Modeling Toolkit*, constam duas abas:

1. A aba *Object*, que inclui as modalidades de visualização do objeto que está sendo modelado.
2. A aba *Help*, que auxilia o usuário quanto às dúvidas das funcionalidades das ferramentas.

Como explicamos anteriormente, a aba *object* está vinculada à visualização do objeto modelado. Tendo em vista que suas ferramentas facilitam o trabalho do profissional na construção de personagens, destacamos as modalidades dessa aba a seguir.

Figura 3.36 – **Menu do *Modeling Toolkit***

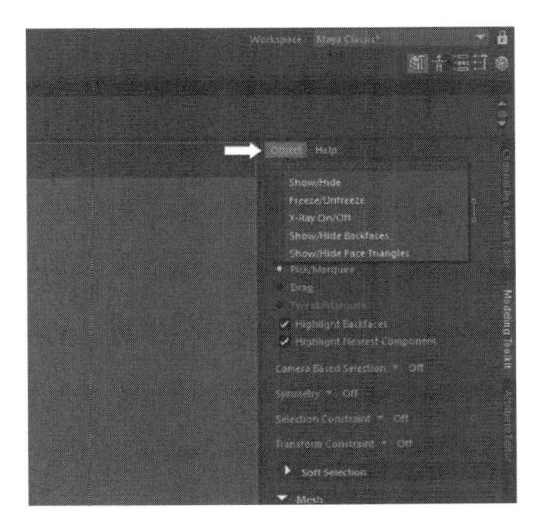

Vejamos a seguir as especificidades de cada um dos itens desse menu:

- ***Show/Hide***: alterna a visibilidade do objeto selecionado.
- ***Freeze/Unfreeze***: "congela" ou "descongela" objetos selecionados; em outras palavras, o objeto congelado não pode ser selecionado.
- ***X-Ray On/Off***: faz com que o objeto se torne semitransparente.

> **IMPORTANTE**
>
> O modo *X-Ray* é útil em fluxos de trabalho de retopologia.

- **Show/Hide Backfaces**: quando a função está ativada, o *software* oculta as faces juntamente com as normais que estão sendo visualizadas em primeiro plano para a câmera.
- **Show/Hide Face Triangles**: quando o recurso é ativado, o *software* mostra todas as faces como triângulos.

Multi-Component

O modo *Multi-component* permite trabalhar com componentes sem alterar os modos de seleção.

> **FIQUE ATENTO!**
>
> Ao entrar no modo de *multi-component* a partir de um único modo de seleção, sua seleção é salva automaticamente.

Figura 3.37 _ **Imagem *Multi-Component***

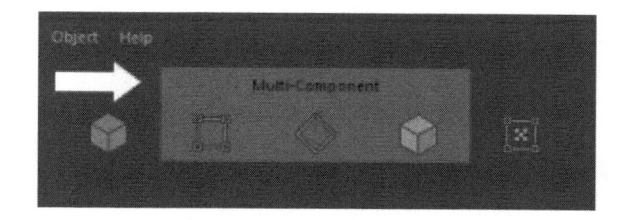

Autodesk® Maya

Quando ativos, os botões de modo de seleção de *Vertex*, *Edge* e *Face* são destacados na janela *Modeling Toolkit*.

Tipos de seleção do *Modeling Toolkit*

Os tipos de seleção estão disponíveis na janela *Modeling Toolkit* e permitem que o usuário selecione os componentes no personagem, no objeto ou na cena.

Figura 3.38 _ **Imagem *Multi-Component* (2)**

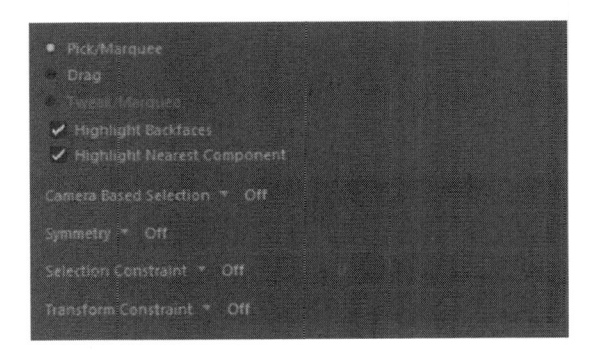

Vamos especificar as características desses elementos a seguir.

- ***Pick/Marquee***: quando essa função é selecionada, abre-se uma caixa retangular sobre os componentes a serem selecionados. Ela também permite o ajuste interativo das seleções – arraste a seleção do *Marquee* e, em seguida, pressione Alt + arrastando o objeto para a nova posição.
- ***Drag***: essa opção de seleção permite arrastar o cursor sobre os componentes que se deseja selecionar.
- ***Tweak/Marquee***: permite ajustar um componente ou fazer uma seleção do *Marquee*.

> **FIQUE ATENTO!**
>
> Quando o usuário arrasta um componente, o *software* usa o modo *Tweak*. Quando o usuário arrasta o cursor no espaço vazio ao redor do objeto, o *software* usa a ferramenta *Marquee*.

- **Highlight Backfaces**: ativada essa opção, os componentes de *Backfacing* são destacados para pré-seleção e estão aptos a serem selecionados. Quando essa função está desabilitada, os componentes de *backfacing* permanecem aptos a serem selecionados, no entanto, não são destacados com a pré-seleção.
- **Highlight Nearest Component**: com esse ícone ativado, é realçado o componente mais próximo do cursor antes de selecioná-lo.

Com o destaque dos itens que compõem o *Modeling Toolkit*, realizado para que você disponha da base e do conhecimento sobre essas ferramentas, podemos passar à retopologia do rosto.

3.6.3 Retopologia do rosto

Neste ponto do texto, já reforçado o conceito de retopologia e demonstradas novas ferramentas para facilitar o fluxo de trabalho, daremos início à retopologia do rosto do nosso personagem pré-modelado no Autodesk® Mudbox nas seções anteriores.

Nosso intuito, agora, é fazer a reconstrução com a topologia correta, corrigindo a malha do rosto do personagem para uma forma mais fluida e orgânica, a fim de demonstrar como o *designer* pode fazer uma animação. Vamos começar?

No *Object List,* selecione os *Layers* do rosto e dos olhos. Em seguida, realize o seguinte procedimento: *File > Send to Maya > Send Selected as New Scene.*

Figura 3.39 – **Send to Maya**

Clique em *Send Meshes at Curret Level* para enviar a malha do Mudbox para o Maya. Em seguida, assim que aparecer a tela de configuração de texturas, dê o aceite clicando em *Ok*.

Figura 3.40 – **Configuração de texturas**

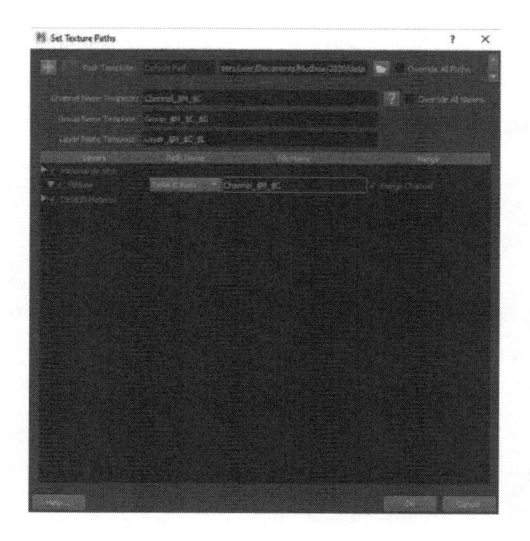

Nesse momento, o personagem é aberto no Autodesk® Maya. Para preparar a montagem do projeto, efetue os seguintes procedimentos:

- clique em *File > Project Window*;
- em *Current Project*, clique em *New* e digite o nome de seu projeto;
- no ícone *Location*, localize o endereço ao qual será destinado o projeto e clique em *Accept*.

FIQUE ATENTO!

Observe que você acabou de configurar o projeto de modo que todos os recursos utilizados nele sejam direcionados para a pasta que acabara de configurar. Esse processo já foi demonstrado nos capítulos iniciais.

Com esses processos realizados, é hora de resguardar o projeto contra qualquer avaria externa. Portanto, salve-o no destino e na pasta adequados – pressione Ctrl + S e salve o projeto com o nome que preferir.

Continuando com o trabalho de retopologia, pressione a tecla Q para acessar a ferramenta de seleção. Em seguida, selecione a cabeça do personagem e, com o botão direito do *mouse*, clique em *Make Live* para criar uma topologia.

Figura 3.41 - **Make Live**

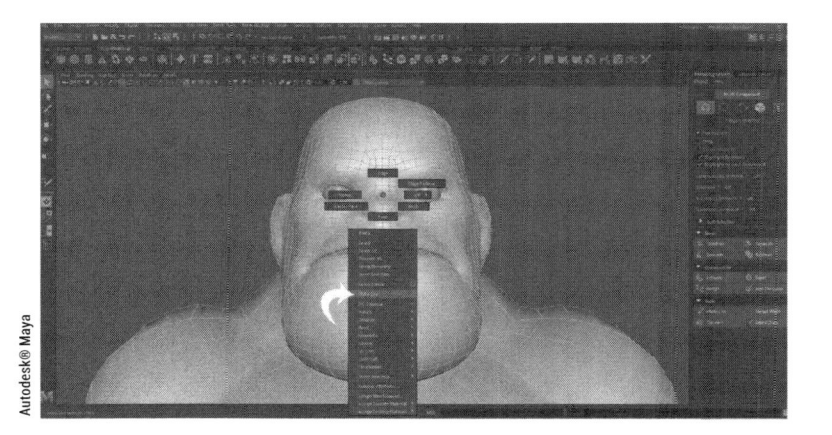

Autodesk® Maya

Para uma melhor visualização das ferramentas de modelagem, vamos mudar nosso *workspace* para um ambiente mais apto para a modelagem. Portanto, clique em *Windows > Workspaces > Modeling > Standard*.

Figura 3.42 – **Modeling – Standard**

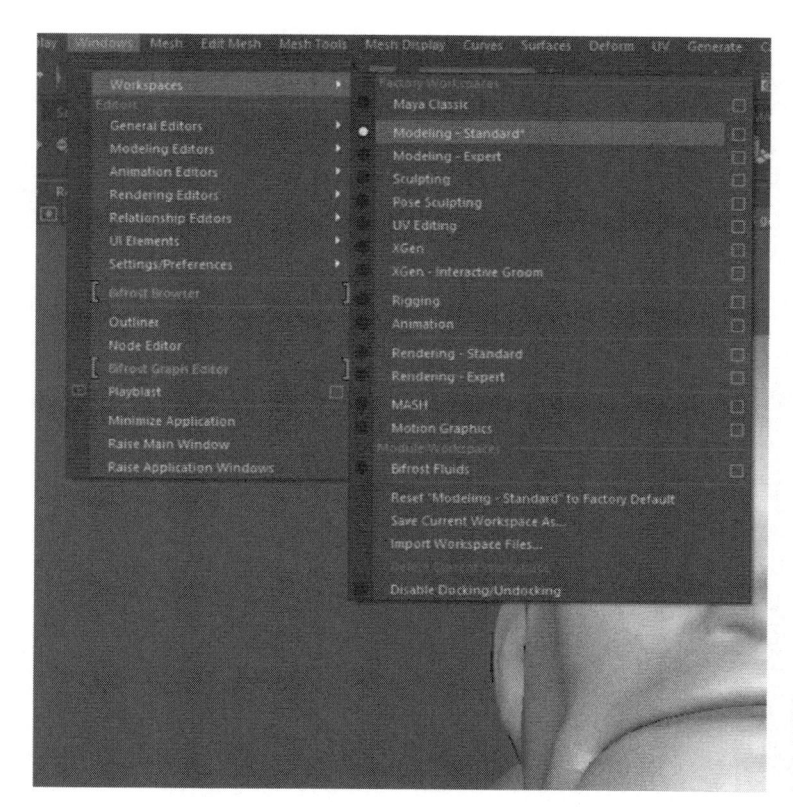

Em seguida, ative a ferramenta *Quad Draw* clicando no botão do *Modeling Toolkit*.

Figura 3.43 – **Quad Draw**

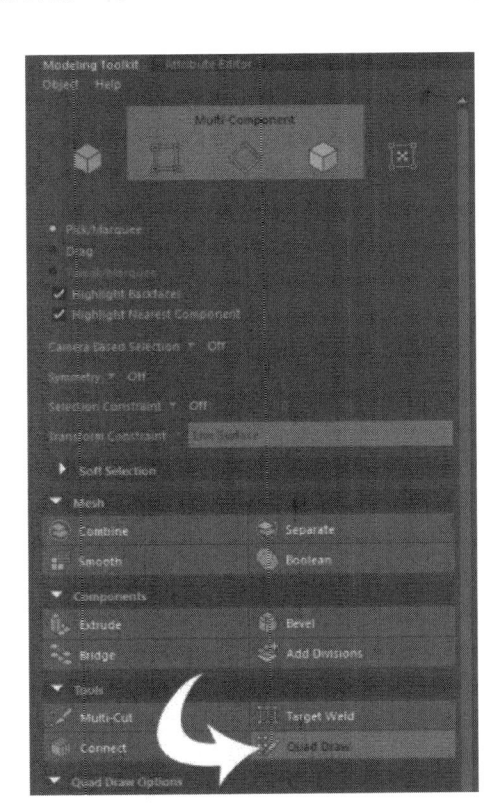

Desse modo, com a tecla *Shift* pressionada, clique em quatro pontos para que o *software* gere faces; realize esse procedimento em volta dos olhos para dar relaxamento à malha e ajuste os vértices, segurando e arrastando sobre os pontos. Caso perceba um polígono maior em comparação aos outros, pressione a tecla *Ctrl* e clique para cortar. Faça uso dessa técnica para uma topologia mais orgânica.

Figura 3.44 – **Quad Draw (2)**

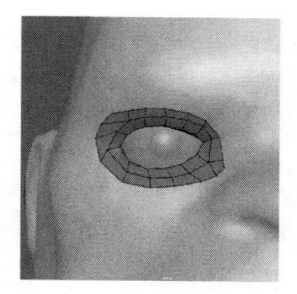

Aplique o procedimento em toda a cabeça, usando a tecla Shift para inserir o relaxamento da malha, organizando a topologia.

FIQUE ATENTO!

Você pode arrastar um vértice sobre o outro – eles efetuarão o *Merge*, o que fará com que se crie um único vértice.

Figura 3.45 – **Quad Draw (3)**

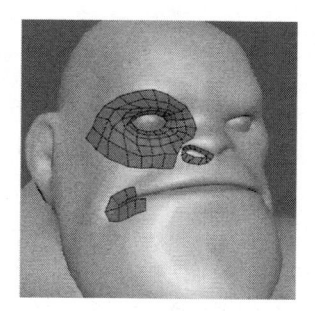

Realizado todo o relaxamento da malha segundo sua preferência, pressione a tecla Q para ativar a ferramenta de seleção, saia do modo de exibição pressionando a tecla F8 e clique na opção *Isolate* para isolar a visualização da malha selecionada.

Figura 3.46 – **Isolate**

Por fim, tecle 3 para ir ao modo *Smooth*. Assim, o rosto de seu personagem já se encontra com a topologia corrigida.

SÍNTESE

Neste capítulo, colocamos em prática o uso das ferramentas do Autodesk® Mudbox e demonstramos a eficiência que cada uma delas pode conferir aos trabalhos de modelagem e escultura de um rosto, à pintura de um objeto e à criação de materiais para mapear uma textura e orientá-las no *Object List* com seus devidos nomes, de modo a manter o projeto organizado. Mesmo que seu personagem não tenha ficado igual ao modelado neste capítulo, não se preocupe: a prática de cada dia vai lhe dar a experiência e *expertise* para um trabalho mais refinado e minucioso.

Reforçamos, no decorrer do capítulo, a necessidade de o *designer* de *games* estudar um projeto quando da produção de personagens para jogos eletrônicos, bem como a importância de dominar as funcionalidades do Mudbox, pois os trabalhos iniciais são, na maioria das vezes, feitos pelo *software*, desde a concepção do personagem até a animação; nesse contexto, qualquer falha no fluxograma da produção pode acarretar uma demora em finalizar o trabalho.

Na sequência, tratamos do conceito de retopologia e de sua efetividade para o fluxo do trabalho e demonstramos que, no processo de produção, é possível ganhar muito tempo na finalização do trabalho, pois a retopologia nada mais é que transformar um personagem que tem uma malha de alta complexidade de polígonos (*High Poly*) em uma malha menos complexa (*Low Poly*).

Em seguida, realizamos a prática de um processo de retopologia do rosto de um personagem pré-modelado no Mudbox e o enviamos ao Maya para fazer o procedimento de relaxamento topológico da malha.

No capítulo seguinte, veremos como realizar a modelagem do corpo do personagem no Autodesk® Maya.

Frame Stock Footage/Shutterstock

CAPÍTULO 4

FUNDAMENTOS DA MODELAGEM 3D

Os desenhos elaborados por meio de linhas planas, sem nenhuma profundidade, são desenhos bidimensionais. A animação desse tipo de desenho com o objetivo de passar a sensação de movimento só pode ser realizada pelo deslocamento de dois eixos verticais e horizontais, isto é, movendo de um lado para o outro e de cima para baixo, não sendo possível, na animação em 2D, passar a sensação de profundidade. Um desenho modelado em 3D simula os movimentos reais dos seres humanos ou animais, pois podem movimentar-se para frente e para trás, para cima e para baixo, de um lado para o outro, com uma combinação de movimentos que acontece naturalmente.

Os desenhos em 3D possibilitam simular a realidade. Com os avanços da tecnologia no *design* de *games*, é possível criar mundos virtuais, nos quais o usuário ou o jogador se sente imerso por meio da utilização de óculos que simulam a realidade virtual. Com base no conhecimento de técnicas de animação em 3D e com desenhos bem elaborados, é possível desenvolver criações com ilusão de profundidade. Há inúmeros exemplos de aplicação desse conhecimento – além dos aludidos jogos, podemos citar um amplo universo de filmes em 3D, animações, entre outras manifestações.

Com todos os conteúdos que apresentamos até este ponto do texto, já estamos aptos a tratar de fundamentos técnicos específicos da modelagem 3D em seus detalhes mais importantes. Vamos iniciar nosso estudo?

4.1 Observações técnicas de modelagens 3D

Os desenhos em 2D são visualizados apenas de um ângulo; os desenhos modelados em 3D, por sua vez, são visualizados de todos os ângulos. No momento da elaboração do processo de animação para um *game*, é necessária a modelação do desenho em 3D, que exigem especial atenção em relação às sombras, texturas e formas, pois esses elementos evidenciam e simulam a profundidade nos desenhos e fazem com que se aproximem o máximo possível da realidade, meta buscada na produção de desenhos em 3D e de muitos *games*.

IMPORTANTE

As sombras e texturas são elementos técnicos importantes que devem ser observados no desenvolvimento da modelagem em 3D. No entanto, é importante ter em mente a aplicação, a complexidade e o estilo desejados. Por exemplo, no caso de filmes e *games* infantis, os desenhos em 3D podem não buscar somente o aspecto realístico, isto é, o retrato fiel da realidade, mas também apresentar características similares às de desenhos em *cartoon*.

No processo de modelagem 3D, devem ser observadas as características de cor, textura e rugosidade que fazem parte de todos os objetos representados e do cenário da animação desenvolvidos para o *game*, tais como móveis, itens de decorações e, principalmente, personagens. Mesmo que o projeto de *game* desenvolvido seja totalmente autoral – caracterizado pela criação de um mundo com base na imaginação de um autor ou do próprio animador do *game* –, a modelagem demanda referências: fotografias, ilustrações, artes conceituais que, no processo de modelagem 3D, podem ser aprimorados, levando em conta as características da ideia proposta pelos autores ou animadores do *game*.

A modelagem destinada ao *design* de *games* pode ser apoiada por arquivos prontos, denominados *modelos de desenho 3D*, que podem ser utilizados nos *softwares* de modelagem em 3D como Maya e Blender, pois são desenvolvidos nos próprios programas de modelagem. Também é possível adquirir arquivos com os modelos predefinidos em plataformas específicas. Esses arquivos com modelo 3D podem conter várias informações embutidas, além do próprio desenho do modelo, como informações de iluminação, câmeras, imagens e, em alguns casos, vídeos.

IMPORTANTE

A utilização de arquivo de um modelo 3D que não seja elaborado pelo próprio *designer* de *games* demanda a observação de algumas recomendações técnicas. Os modelos 3D são compostos de polígonos, e, dependendo da maneira pela qual são produzidos, pode ser necessária uma grande quantidade de polígonos, que, por sua vez, exigem maior capacidade de memória do computador em que se está trabalhando, principalmente no processo de renderização, pois, quanto menor a quantidade de polígonos com que um modelo é construído, melhor é o desempenho do computador e, consequentemente, o desenvolvimento do projeto.

A modelagem de um objeto 3D exige o uso de linhas de construção como planos de referência. Trata-se de um elemento importante para iniciar o desenvolvimento de uma modelagem, embora só possa ser visualizado em vistas 2D. Outro ponto fundamental nessa dinâmica diz respeito à análise da representação aramada de um desenho, ou seja, à reprodução de um objeto apenas por meio de suas arestas. O desenho aramado, também conhecido como *wireframe*, facilita a visualização e consiste em um tipo muito eficiente de referência, graças aos seus conjuntos de vértices e arestas.

Além disso, o *designer* de *games* também precisa apoiar-se no estudo da geometria, por meio da utilização das referências conhecidas como *superfícies limitantes – boundary representations*, ou simplesmente B-Rep. Na computação gráfica, esses elementos são conhecidos como *malha de polígonos*, meio no qual um objeto é representado por um conjunto de polígonos ou faces delimitadas por uma região fechada do espaço – preferencialmente, essas formas podem ser triângulos ou quadrados. As superfícies limitantes de um sólido separam os pontos de dentro do sólido dos pontos de fora e podem conter informações visuais a serem representadas na modelagem em 3D, tais como reflexão, transparência, textura e cor. É por meio desses pontos que é possível representar quaisquer tipos de objetos, como um cilindro, conforme apresentado na Figura 4.1, a seguir.

Figura 4.1 – **Exemplo de análise usando um cilindro como referência**

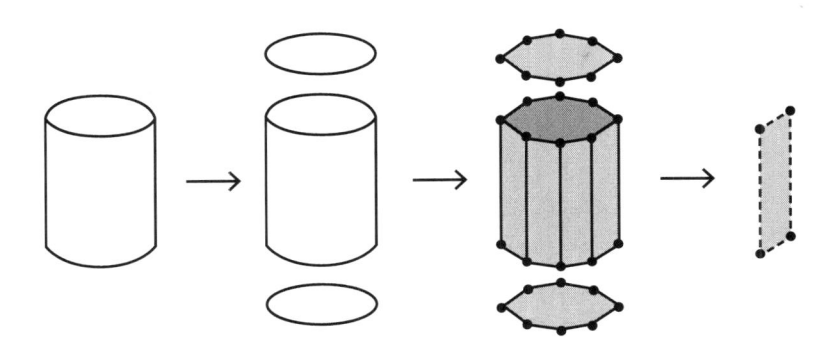

Fonte: Watt, 2000, p. 21.

Todos os elementos elencados até este ponto – as linhas de construção, os planos de referência e os estudos da geometria –, apoiados pelas superfícies limitantes, entre outras técnicas, são importantes para elaborar uma análise e consistem em um ponto de partida para a construção de uma modelagem 3D.

4.2 Desenvolvimento de modelagem 3D nos *softwares* Blender e Maya

Para o desenvolvimento de uma modelagem 3D digital, o profissional *designer* de *games* dispõe, além do *software* Maya, de uma enorme gama de outros programas, cada um com suas particularidades e em acordo com a área de atuação em que será desenvolvido o modelo 3D, tais como o *design* de *games*.

O QUE É

O funcionamento de um *software* de modelagem utiliza a matemática para criar uma representação de um objeto ou forma tridimensional, processo cujo resultado é um modelo 3D, que pode destinado à animação, à modelagem de produtos e a áreas que desenvolvem produtos para *design* de *games*, cinema, televisão, arquitetura, construção etc. Inclusive setores da ciência e medicina utilizam modelos 3D para visualizar e simular situações da realidade: por meio desse recurso, é possível simular todas as partes do corpo humano de maneira bem realística. Assim, essa ferramenta pode ser utilizada tanto no estudo de Medicina quanto na simulação de procedimentos cirúrgicos. Seu campo de aplicação é bastante amplo, não sendo restrito ao *design* de *games*.

Em sua grande maioria, os *softwares* de computação gráfica voltados para a modelagem em 3D desenvolvem não só a própria modelagem, as funcionalidades para aplicação de texturas e a renderização, mas também o próprio desenvolvimento da animação e a preparação para aplicação desses itens no *design* de *games*. Por esse motivo, por meio do uso de *softwares* de modelagem, o profissional com conhecimento de audiovisual pode também trabalhar na pós-produção de animação e se dedicar a outras áreas, como de escultura digital e de conteúdo 3D interativo, a exemplo dos jogos. Essa variedade de opções pode ser desenvolvida nesses *softwares* de modelagem em 3D por meio das suas diversas funcionalidades e da integração com outros *softwares* especializados em cada área de atuação ou plataformas.

Como afirmamos anteriormente, o mercado oferece diversos *softwares* para modelagem em 3D para estudantes, iniciantes e até profissionais que trabalham ou pretendem atuar nas áreas de publicidade e propaganda, decoração, arquitetura, cinema, edição de imagem e animações 3D. Além do Maya, os profissionais da área contam com o *software* Blender, que é bastante utilizado, principalmente por pessoas que estão iniciando, pois necessitam de poucos recursos para seu funcionamento. Inicialmente, essa ferramenta não demanda um computador ou *notebook* com configurações exclusivamente destinadas ao trabalho com computação gráfica.

Figura 4.2 _ **Área de trabalho do *software* Blender**

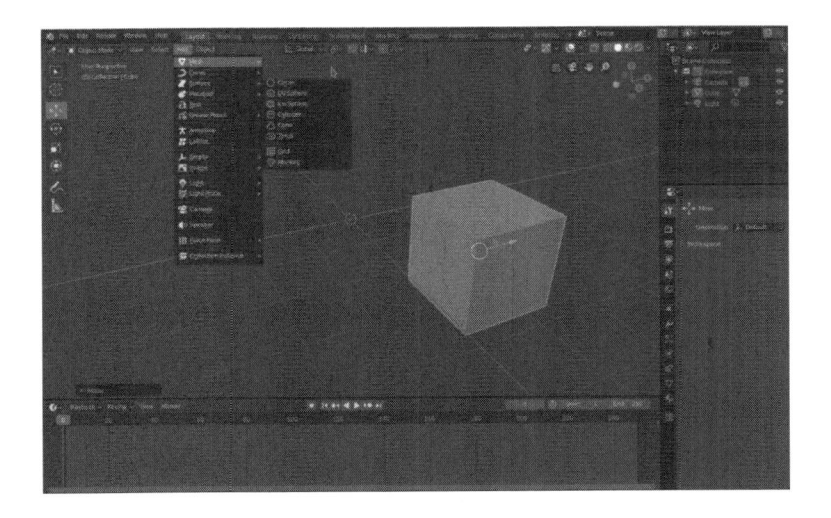

Normalmente, os programas de modelagem, como Maya e Blender, são divididos em três partes principais:

1. menus superiores;
2. área de trabalho, localizada na parte central do programa;
3. barra de *status*, normalmente localizada na parte inferior.

Cada *software* de modelagem e animação 3D tem particularidades referentes às suas interfaces. Entretanto, de maneira geral, a estrutura de organização de ferramentas e recursos segue o mesmo padrão, como citado anteriormente. Antes de iniciar um projeto em um *software* de modelagem 3D, é importante que você defina a área de trabalho, de modo a dispor as ferramentas básicas conforme a característica da modelagem a ser desenvolvida e sua finalidade.

O *software* Blender dispõe de uma enorme flexibilidade, também estando disponível nos principais *softwares* de modelagem 3D. A seguir, apresentamos um quadro de exemplos de áreas de trabalho disponíveis no *software* Blender.

Quadro 4.1 _ **Exemplos de áreas de trabalhos com suas características no *software* Blender**

Área de trabalho	Característica
Modelagem	Edição da geometria por ferramentas de modelagem
Escultura	Edição de malhas por ferramentas de escultura
Edição UV	Mapeamento das coordenadas de textura da imagem para superfícies 3D
Pintura de textura	Colorização de texturas de imagem na vista 3D

(continua)

(Quadro 4.1 – conclusão)

Área de trabalho	Característica
Sombreamento	Edição destinada à especificação de propriedades do material para renderização
Animação	Ferramentas utilizadas para tornar as propriedades dos objetos dependentes do tempo
Renderização	Visualização e análise dos resultados da renderização
Composição	Combinação e processamento de imagens e informações de renderização
Script	Área de trabalho de programação para escrever *scripts*

Os *softwares* de modelagem, normalmente, dispõem do menu *Layout* para alterar as áreas de trabalho conforme as diferentes etapas do projeto, como a de modelagem e a de animação. Para otimizar o trabalho, o *designer* deve alternar entre diferentes áreas de trabalho no mesmo arquivo. A área de trabalho padrão, por sua vez, possibilita a visualização da cena e dos objetos da modelagem em 3D, bem como disponibiliza a linha do tempo que normalmente está localizada na parte inferior. A seguir, na Figura 4.3, apresentamos um exemplo da área de trabalho padrão do *software* Blender, onde estão destacados em amarelo a visualização 3D, a estrutura de tópicos em verde, o editor de propriedades em azul e a linha do tempo em vermelho.

Figura 4.3 _ **Exemplo da área de trabalho padrão do *software* Blender**

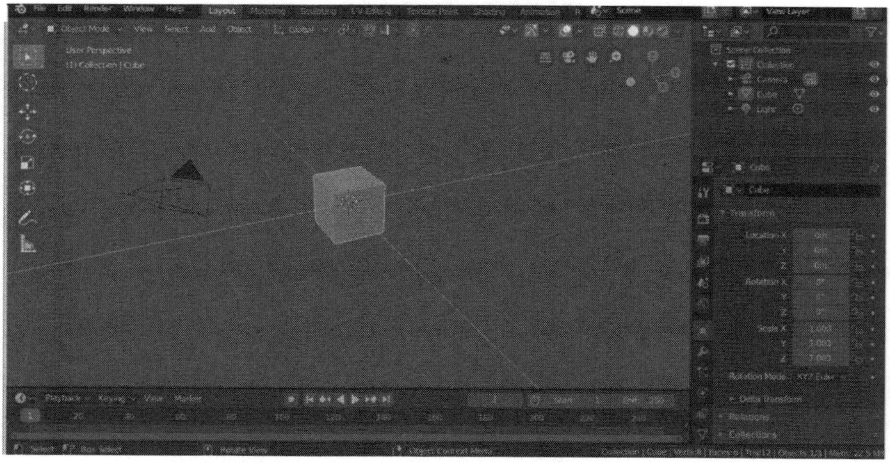

As áreas de trabalho também são personalizáveis. Conforme o usuário adquire uma familiaridade com as ferramentas básicas do *software* de modelagem em 3D, é indicado que o *designer* configure e salve essas áreas de modo a otimizar o desenvolvimento de seu projeto. Em um *software* de modelagem, além dos comandos executados por atalhos e menus, os botões do *mouse* são importantes no processo da modelagem 3D para uma animação e podem ser personalizados conforme a necessidade de cada profissional ou projeto. A ação de seleção pode ser executada tanto com o botão direito quanto com o esquerdo, conforme for personalizada essa ação. No *software* Blender, por exemplo, o botão direito do *mouse* é utilizado para selecionar uma distinção mais clara entre seleção e ação, e o botão esquerdo inicia ou confirma ações executadas na seleção. Pressionar o botão central do *mouse* (botão de roda), movendo de um lado para o outro, e para frente e para trás, geralmente executa nos *softwares* de modelagem a ação de girar e visualizar o objeto em graus diferentes.

IMPORTANTE

A operação de um *software* de modelagem e animação 3D pressupõe o uso de alguns termos, tais como áreas de segurança, também conhecidas como *zonas de ação*, geralmente a parte central das telas. A animação inserida nessa área é visualizada na maioria dos dispositivos de exibição, desde uma televisão até um *smartphone* e, em alguns casos, em uma pulseira digital. Portanto, os elementos que estiverem posicionados nessa área dificilmente são cortados. Em alguns casos, o termo *área de segurança* pode ser confundido com *campo de visão*, que nada mais é que a área na qual os objetos são visíveis pela câmera.

No momento da animação, o termo *quadro-chave* é utilizado para definir seu desenho principal, no qual o animador ilustra apenas o primeiro e último quadro de uma sequência simples, que são os quadros-chave, e o *software* completa a sequência dessa animação entremeios por intermédio de cálculos.

O quadro-chave atrelado à expressão conhecida como *desfoque de movimento* é um fenômeno que ocorre no momento que percebemos um objeto que se move rapidamente. Aplicar esse efeito faz com que o objeto pareça ser desfocado em razão da persistência de visão. Essa simulação de desfoque de movimento torna as animações mais realistas.

A modelagem 3D também possibilita a definição da *origem do objeto*. O termo é utilizado para definir um ponto de referência usado para posicionar, rotacionar ou escalonar um objeto e definir suas coordenadas, facilitando o processo de animação para o *design* de *games*, por exemplo.

A expressão *sistema de partículas* é utilizada para definir a técnica que simula determinados tipos de fenômenos complexos, cuja reprodução com técnicas de animação e de renderização convencionais é muito difícil, como efeitos de fogo, explosões, faíscas, folhas caindo, nuvens, neblina, neve, poeira, caudas de meteoros, estrelas e galáxias, ou efeitos visuais abstratos, como trajetórias incandescentes e rastros de encantos, também usados para gerar elementos como pelos ou cabelos.

Outro vocábulo muito utilizado é *renderização*, processo de gerar computacionalmente uma imagem 2D a partir de determinada geometria em 3D.

A maneira mais fácil de criar objetos em um *software* consiste em iniciar a modelagem por meio de uma forma geométrica, como cubo, esfera, cone e cilindro. No caso da modelagem de animais ou rostos, pode-se partir da forma de uma face de um macaco. Todas essas formas citadas são conhecidas como *tipos primitivos 3D*. A utilização desses elementos traz agilidade ao processo de modelagem, haja vista que o trabalho não se inicia do zero, o que otimiza o tempo do desenvolvimento da modelagem. Os tipos primitivos também são conhecidos como *malhas primitivas*.

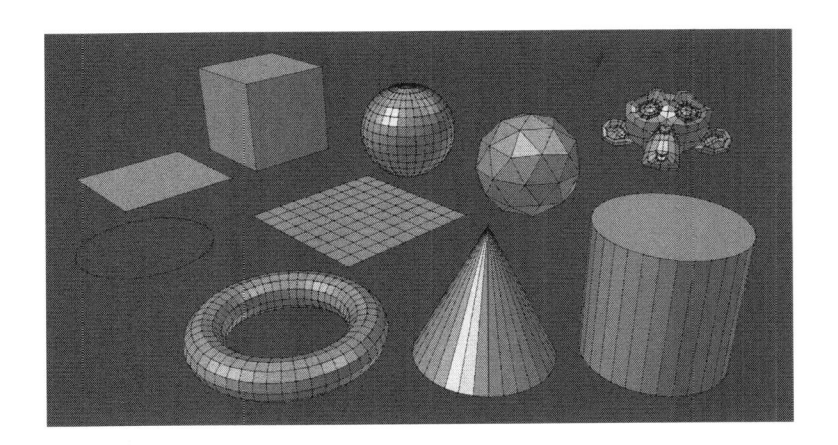

Figura 4.4 _ **Exemplo de malhas primitivas no *software* Blender**

A maioria dos *softwares* de modelagem conta com os objetos 3D primitivos já definidos; nesse caso, basta arrastá-los para a área de edição para iniciar sua modificação e modelar conforme as necessidades.

Vamos aplicar esses conhecimentos por meio de um exemplo? Para modelar um copo, usa-se o cilindro, a figura geométrica que mais se aproxima desse objeto; nesse caso, basta arrastar essa forma para a área de edição e, em seguida, modelar a parte do copo que receberá o líquido. Esse recurso é normalmente conhecido nos *softwares* de modelagem 3D como *extrusão*. Para aplicá-lo em uma modelagem de um copo, após a inserção de um cilindro na área de edição do *software* Blender, por exemplo, primeiramente entre no modo de edição e, na sequência, no de *Wireframe* e selecione por vértices, conforme indicado nas três setas inseridas na Figura 4.5, a seguir.

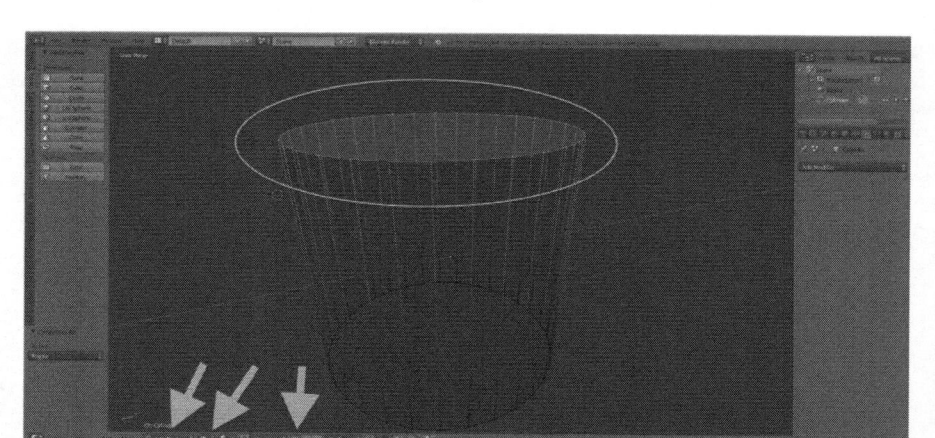

Figura 4.5 _ **Exemplo de modo de edição de vértices do *software* Blender**

Após selecionar os três modos, basta pressionar a tecla B e selecionar todos os vértices superiores, como é apresentado na Figura 4.5, destacado na parte circulada. Após esse procedimento, utilize a ferramenta chamada *extrusão* (cujo atalho é a tecla E, somada à leve movimentação do *mouse* para cima). Caso a imagem fique desproporcional, aperte a tecla Z ou Y para travar eixo no momento da edição. Por meio da modelagem do tipo primitivo de um cilindro, é possível inserir outros elementos, como uma alça, transformando esse objeto em uma caneca ou xícara. Também é possível fazer com que as arestas tenham um aspecto mais liso, de modo a aprimorar progressivamente o desenho e, eventualmente, inserir cores e texturas para tornar a modelagem mais realística.

Com os comandos básicos, é possível executar determinados processos de modelagem, levando em consideração que os objetos em 3D são compostos por malhas e que, por meio de edição e manipulação, os objetos tomam as suas formas. Continuando com o exemplo de modelagem de um copo ou uma caneca, após o processo de extrusão feito para abrir o espaço para receber o líquido do objeto, o próximo passo é inserir as alças. Para executar essa ação no Blender, não se esqueça dos três modos que devem estar selecionados, conforme já mostramos na Figura 4.5.

Após a seleção dos três modos na malha do objeto, selecione dois quadrados. Para isso, pressione a tecla *Shift* e clicar com o botão direito do *mouse*, conforme apresentado na Figura 4.6, a seguir. Depois de selecionar, para puxar as alças, pressione a tecla G ou E sem movimentar o *mouse* e, na sequência, apertar a tecla X. Movimente o *mouse* para criar a alça somente após esse procedimento.

Figura 4.6 _ **Exemplo de edição de malha a partir de um cilindro no *software* Blender**

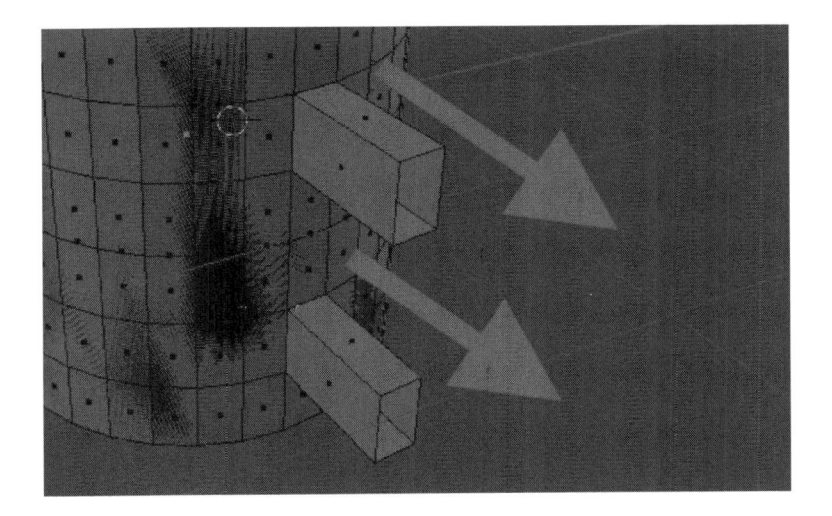

Nesse momento da modelagem, a alça está praticamente pronta, assemelhando-se consideravelmente a uma caneca real. No entanto, ainda é necessário fechar e deixar os cantos arredondados, como são as canecas ou xícaras reais. Para executar essa ação, seguindo o exemplo no *software* Blender, primeiramente clique no ícone destacado na Figura 4.7, a seguir; para fechar aresta superior com aresta inferior, basta pressionar a tecla F.

Figura 4.7 _ **Ícone a ser clicado para ligar arestas no *software* Blender**

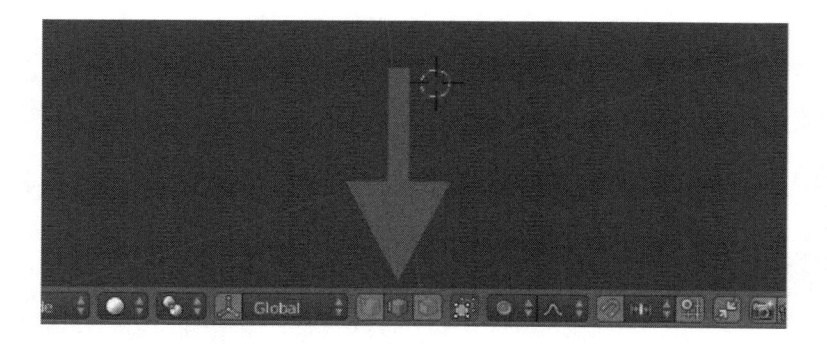

Executadas essas ações, as extremidades tornam-se quadradas. Para deixar os cantos arredondados no Blender, adicione um componente denominado *Subdivision Surface*. Para isso, ajuste na barra de ferramentas à direita a opção *View* e *Render* para 2 ou 3, conforme destacado na figura a seguir.

Figura 4.8 _ **Configuração para criar cantos arredondados no *Software* Blender**

FIQUE ATENTO!

Após tornar os cantos arredondados, a modelagem está bem mais próxima de um desenho de uma xícara. Inserir outros elementos de texturas, cores e iluminação torna o objeto mais próximo do real. Além do uso das primitivas geométricas para iniciar uma modelagem, é recomendável, sempre que possível, adicionar uma imagem como fundo em uma vista ortogonal ou mais vistas, a fim de que seja utilizado como referência para o processo de modelagem. Usando o *software* Maya como referência, essas fotografias, imagens ou vistas são adicionadas em um recurso conhecido como *Image Plane*. Para entender melhor, cada vista pode ser de uma perspectiva ou ortogonal. Na verdade, são as visualizações de câmeras. Para visualizar esse recurso, basta abrir o *Outline*.

Com os avanços da tecnologia para modelagem, animações mais realísticas são a meta de todo profissional da área, o que motiva o uso de recursos como as fotografias para referências. Entrementes, a história que é contada no *game* também deve ser uma preocupação; portanto, é interessante que o profissional de modelagem também conheça todo o contexto do jogo. No *software* Maya, o recurso de *Image Plane* está ligado à câmera de uma vista específica. Ainda que esse recurso seja muito útil, o ideal é dispor de várias imagens como referência por meio de várias vistas.

No caso de elaboração de uma modelagem de um personagem, as diversas vistas são conhecidas como *Model Sheet*. As imagens com vistas lateral, frontal, traseira e superiores formam o *Model Sheet* de um personagem. Quando estão relacionadas à modelagem de objetos como um avião, um carro, espaçonave, tais vistas são chamadas *Blueprints*. No momento que se está trabalhando com a modelagem de um objeto, para facilitar a vida do modelador, existem vários *sites* nos quais é possível baixar imagens com múltiplas vistas, que, em seguida, podem ser inseridas no *software* para servir como referência. No caso, se você utilizar o *software* Maya para esse processo, para inserir uma imagem, vá ao menu *View*, selecione a opção *Image Plane* e, na sequência, *Import Image*, como apresentado na figura a seguir.

Figura 4.9 _ **Exemplo de inserção de figura como referência no *software* Maya**

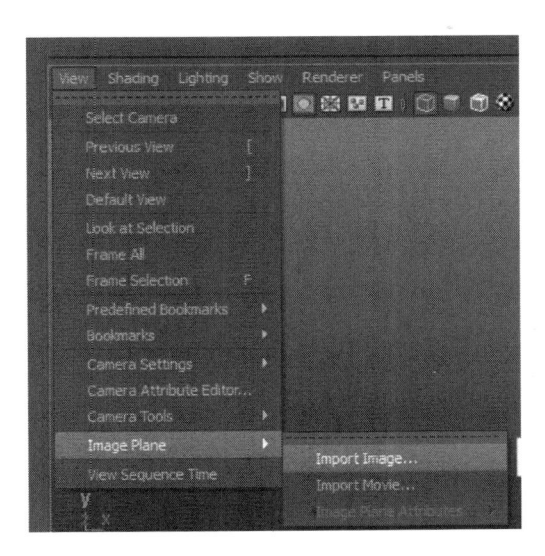

A utilização de imagens de referência em uma modelagem é importante. Para facilitar mais ainda a modelagem, é necessário utilizar a figura geométrica que mais se aproxima do objeto a ser modelado. Vamos utilizar o *software* Maya como exemplo?

Para modelar um cabo de uma escova de dente, a figura geométrica que mais se aproxima é a de um cilindro. Para inserir uma primitiva de um cilindro no *software* Maya, vá ao menu *Create*, depois em *Polygon Primitives*, e escolha a opção *Cylinder*. Para facilitar seu aprendizado, insira os seguintes valores na personalização: *Radius* = 1, *Height* = 2, *Subdivisions Axis* = 6, *Subdivisions*

Height = 1, *Subdivisions Caps* = 2. Inserindo esses parâmetros e rotacionando a 90°, a imagem será apresentada conforme a Figura 4.10, a seguir.

Figura 4.10 _ **Exemplo de configuração antes de inserir um primitivo para iniciar a edição**

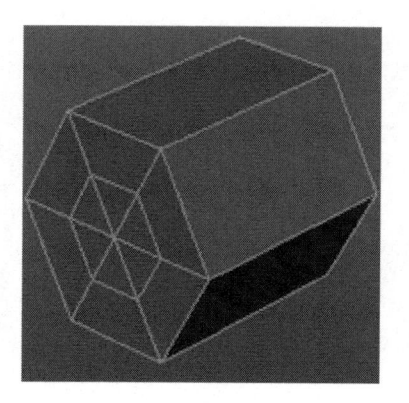

Autodesk® Maya

FIQUE ATENTO!

É importante destacar que, no momento em que é usada uma ferramenta do *Edit Mesh* no *software* Maya, as opções ficam disponíveis no histórico. Quando utilizada uma ferramenta como o *Bevel*, é permitido executar ajustes de parâmetros. Depois de inserir um primitivo na área de edição, é possível executar as alterações necessárias para se chegar ao desenho ideal, seguindo o exemplo de uma modelagem de um cabo de uma escova de dente no *software* Maya. Inserido o primitivo de um cilindro, de acordo com as configurações apresentadas anteriormente, o próximo passo é alongar a figura geométrica, utilizando a ferramenta *Scale*, por meio do atalho R, a partir do eixo Y, conforme apresentado na Figura 4.11, a seguir.

Figura 4.11 _ **Exemplo de alongamento de uma figura geométrica primitiva no *software* Maya**

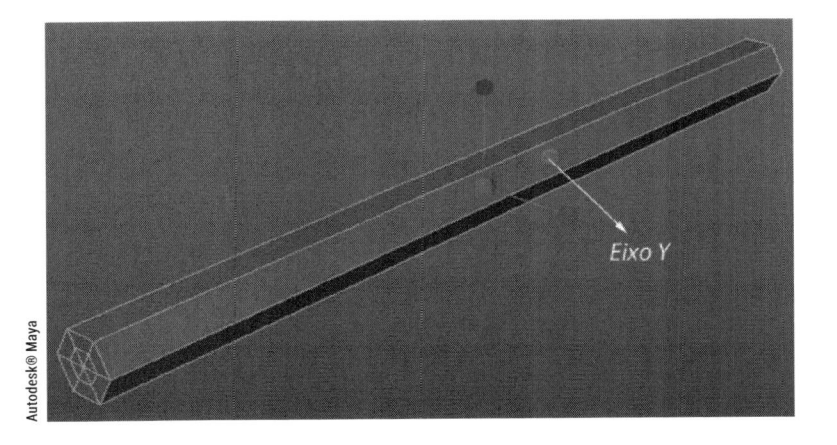

Continuando a modelagem, selecione as faces de cada extremidade acionando a tecla F11, de modo a aumentar suavemente a dimensão do conjunto, utilizando o recurso *Scale*. Após esse procedimento, mova essa mesma face na direção do eixo Y, conforme apresentado na Figura 4.12, a seguir.

Figura 4.12 _ **Exemplo de seleção das faces (à esquerda) e após a face ter sido movida (à direita)**

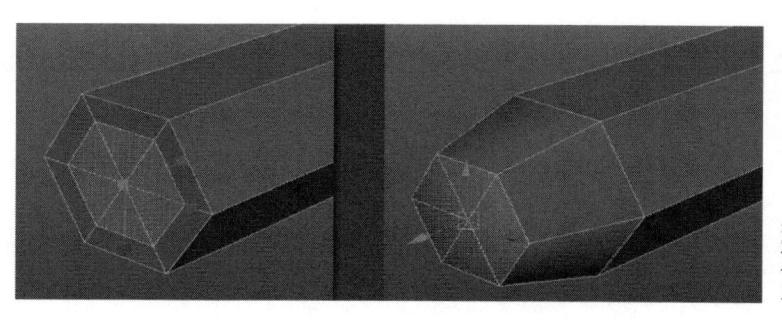

Autodesk® Maya

Ao utilizar o *software* Maya de modelagem 3D e desenvolver pequenas alterações em uma figura geométrica primitiva, a modelagem começa a tomar forma, como no exemplo do cabo de escova de dente. A modelagem de um primitivo permite que sejam feitas todas as ações necessárias para se chegar ao desenho esperado, como na utilização de recursos de extrusão. Por exemplo, para modelar uma parte mais fina, no *software* Maya, selecione as faces centrais de extrema direita e execute a extrusão acessando o menu *Edit Mesh*; em seguida, acione a opção *Extrude* utilizando o eixo Z. Veja o resultado na Figura 4.13, a seguir.

Figura 4.13 _ **Exemplo de aplicação do recurso de extrusão em um primitivo geométrico**

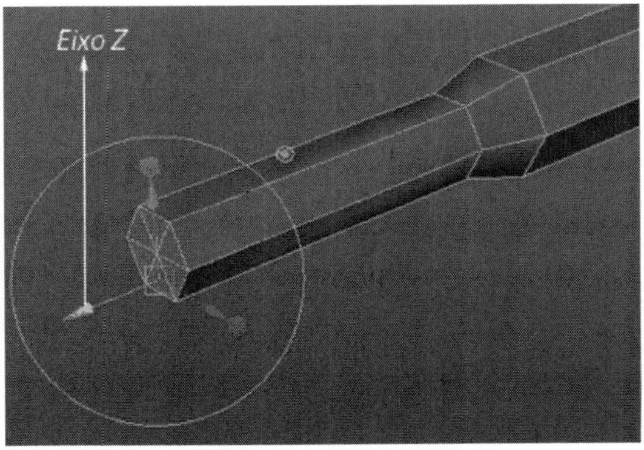

Com essa parte da modelagem pronta, para inserir outros elementos, como as cerdas de uma escova, pode-se adicionar outros primitivos que mais se aproximem dessa parte que será modelada, que no caso é um cubo. Por meio de todos os recursos e com a imagem de referência, pode-se chegar até a modelagem desejada. O resultado de uma modelagem criada a partir de uma forma desenvolvida dentro de outra forma interna, que ocorre quando efetuamos um furo em uma forma tridimensional, é o resultado de uma extrusão, sendo essa a principal característica de uma modelagem por extrusão.

O recurso da extrusão, bem como de outros, como *mover* e *escala*, pode ser utilizado para modelar os detalhes, como no caso das cerdas da escova de dentes. Para fazê-lo utilizando o *software* de modelagem Maya, selecione a face onde será aplicado o recurso de extrusão, conforme apresentado no primeiro quadro, à esquerda da Figura 4.14, a seguir.

Figura 4.14 _ **Passo a passo de aplicação do recurso de extrusão no *software* Maya**

Depois de selecionadas as faces do cabo, selecione o *Pivot* de extrusão no local correto, conforme apresentado na imagem central da Figura 4.14, e efetue o recurso de extrusão por meio da ferramenta *Scale*, no qual serão empurrados todos os elementos selecionados, conforme mostrado na Figura 4.15, a seguir.

Figura 4.15 _ **Exemplo da configuração do recurso *Scale* e de extrusão no *software* Maya**

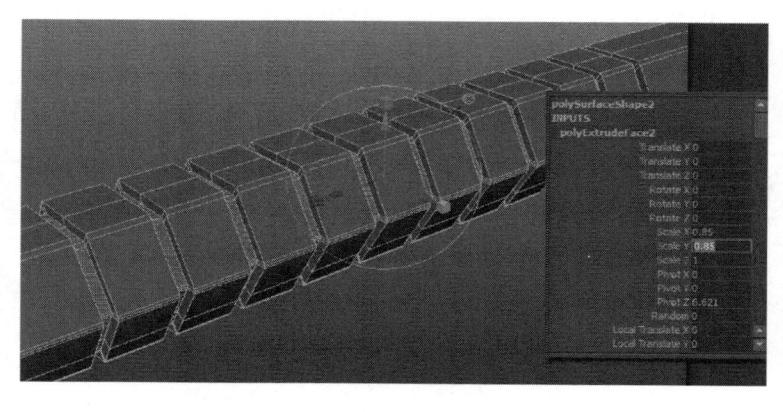

Para que a extrusão seja feita com a mesma dimensão, insira os mesmos valores nos parâmetros do *Scale* X e Y. No caso do nosso exemplo, inserimos o valor de 0,85 para X e 0,85 para Y, lembrando que essa caixa de ferramenta é dos *Inputs*.

4.3 Técnica *Box Modeling*

Os processos de modelagem são variados e apresentam diversos tipos e diferentes níveis de controle. O mais conhecido é a modelagem por subdivisão, elaborada pela edição de primitivas geométricas para obter elementos complexos. O processo de modelagem chamado *Edge Modeling* é uma derivação da técnica dos tipos primitivos, que seria a manipulação apenas das arestas dos objetos 3D com extrusão e cortes para criar a geometria. A utilização dessa técnica faz com que sejam obtidos modelos bastante realistas e com um elevado nível de dificuldade, não sendo indicado para estudantes e profissionais iniciantes, para os quais é recomendado o uso de uma técnica derivada conhecida como *Box Modeling*, que seria o passo inicial para compreender processos de modelagem e começar a utilizar a técnica do *Edge Modeling*.

O processo de modelagem a partir de um boxe é fácil de elaborar, pois compreende somente a edição de um cubo, no qual são adicionadas diversas divisões para que, na sequência, algumas faces sejam seletivamente deformadas e transformadas por meio de várias técnicas, como a extrusão. A técnica *Box Modeling* pode ser aplicada não só a partir da figura geométrica do cubo, mas também de qualquer sólido primitivo, como uma esfera, um cilindro, entre outros; nesse contexto, o processo de modelagem se inicia com a edição das faces, originando outras faces necessárias para a construção da forma que será modelada. As manipulações são desenvolvidas por meio da edição de vértices, arestas, faces; e, por meio de extrusões, são criados chanfros, soldagens, cortes, intercaladas por movimentações, rotações e escalonamento desses elementos.

Figura 4.16 _ **Etapas de construção de uma tampa de garrafa utilizando a técnica *Box Modeling***

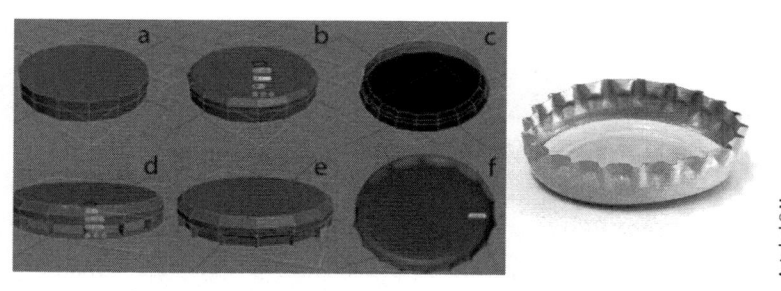

Autodesk® Maya e Oldnature_picker/Shutterstock

Na Figura 4.16, para transformar a figura geométrica de um cilindro em uma tampa de garrafa, foi aplicado o chanfro em uma das bordas, como é apresentado da imagem (b), e foi invertido para apagar a face inferior, como mostrado na imagem (c). Também foi executada a extrusão negativa de faces laterais inferiores acompanhadas de um chanfro, como apresentado na imagem (d); em seguida, foram apagadas as faces inferiores, conforme mostrado na figura (e). Posteriormente, foi inserida espessura ao elemento (imagem f) e finalizada com materiais e iluminação (g).

O método *box modeling* está presente em praticamente todos e principais *softwares* de modelagem em 3D. Em alguns casos, é apresentando como única opção de construção ao lado das operações booleanas. Estudantes e profissionais iniciantes normalmente utilizam essa técnica para modelar objetos com método orgânico, sem a necessidade de se preocupar com a escala precisa da modelagem. Para entender melhor, as operações booleanas em modelagem 3D são ações de união, interseção ou que criam modelos ou os modificam. Essa forma simples de representar, por pontos, faz com que as operações booleanas sejam efetuadas com simplicidade, comparando com o desenvolvimento dessas ações em outros tipos de representação.

O QUE É

De acordo com o *site* da Autodesk®, operações boleanas são "uma forma eficaz para criar formas complexas de objetos geométricos simples [...] os operadores booleanos são Subtração, União, Intersecção e Mescla" (Modelando..., 2017).

Utilizando o método de *Box Modeling* para modelagem orgânica, por exemplo, as referências são imagens ou desenhos técnicos importados nos *softwares*, posicionados atrás da figura geométrica que será modelada, simulando vistas possíveis para facilitar a modelagem.

Na maioria dos *softwares*, quando a modelagem é de um objeto que apresenta simetria – como no caso de uma figura humana –, não é necessário modelar os dois lados, o que otimiza o trabalho graças às ferramentas que desenvolvem uma versão oposta totalmente idêntica ao que foi modelada. Na modelagem que utiliza um boxe como referência, não é possível formar faces poligonais curvas, pois a complexidade das superfícies tem exatamente a mesma proporção dos números de faces que foram construídas, o que dificulta a edição da malha tridimensional. Dessa maneira, para um objeto que conta com grande quantidade de faces, sua edição é complexa em razão de que cada alteração implantada resultará em muitas modificações em cada face criada. Assim, os *softwares* de modelagem criaram vários algoritmos para suavizar a superfície utilizando princípios de subdivisão e efetuando-a de modo automático para as faces, atenuando os ângulos mais intensos. Esse método é comumente utilizado como uma última fase para finalizar e dar acabamento a uma modelagem, conforme a Figura 4.17, a seguir.

Figura 4.17 _ **Modelagem original (à esquerda); modelagem com aplicação do efeito de subdivisão (à direita)**

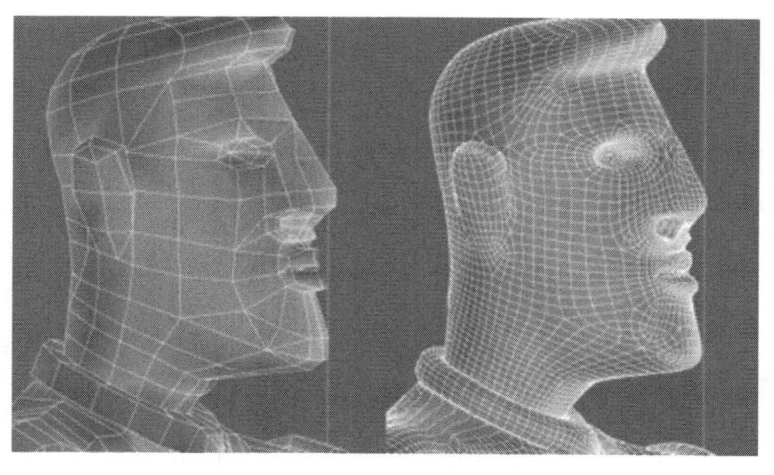

O benefício de utilizar essa técnica é que, de maneira geral, ela possibilita modelar quaisquer tipos de objetos. Por ser um processo automatizado, os resultados não são totalmente controláveis, por isso, é indicado aplicar o efeito gradualmente. No entanto, para modelagem que exija um escalonamento preciso, nas alterações efetuadas por meio de um sólido, é necessário dedicar mais tempo para atingir o resultado de uma modelagem satisfatória. A técnica de modelagem *Box Modeling* pode ser mais avançada através dos elementos, que, unidos, formam objetos tridimensionais. Esses componentes são os *Edges*, os vértices, as faces, os *Points*, entre outros. Para que esses itens sejam evidenciados e possam ser selecionados e editados no *software* Maya, é necessário clicar com o botão direito do *mouse* sobre o objeto.

Figura 4.18 _ **Da esquerda para direita: exemplo dos elementos *Edge*, vértice e face**

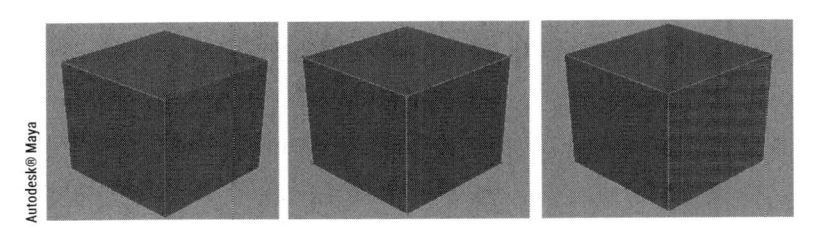

Para selecionar os elementos no *software* Maya, além de clicar com botão direito do *mouse* sobre o objeto, é possível usar atalhos:

- para o elemento *Vertex*, que seleciona os vértices, a tecla de atalho é o F9;

- para *Edge*, o atalho é o F10;
- para as faces, a tecla de atalho é o F11;
- para sair do modo de seleção de componente, também conhecido como *Object Mode*, a tecla de atalho é F8.

Outro recurso bastante utilizado na modelagem por meio do *software* Maya e que é importante de ser revisado é o *Pivot*, ou seja, o ponto onde acontecem as transformações de rotação, movimento e redimensionamento de um objeto. Para alterar a posição de um *Pivot*, pressione a tecla *Insert*; quando tiver de sair do modo de manipulação do *Pivot*, realize o mesmo procedimento. Modificar a localização do *Pivot* faz com que seja alterada não só a rotação de um objeto, mas também a forma como ele é redimensionado, conforme mostrado na Figura 4.19, a seguir.

Figura 4.19 _ **Exemplo da seleção do *Pivot* no *software* Maya**

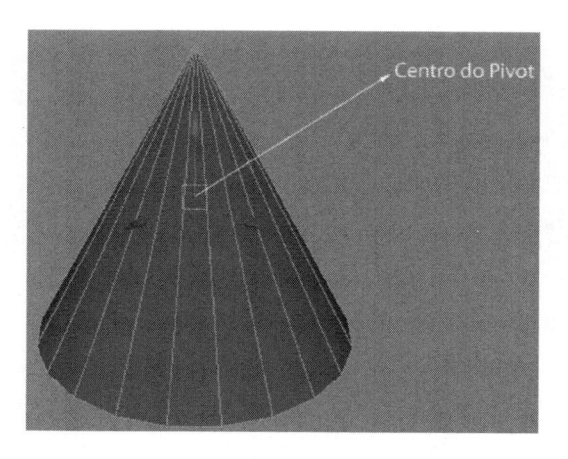

O uso da ferramenta *Pivot* é muito importante porque todas as possibilidades de modificações podem ser desenvolvidas em um objeto. No *software* Maya, para a posição do *Pivot* ficar no centro do objeto, é necessário selecionar o objeto, acessar o menu *Modify* e, por fim, clicar na opção *Center Pivot*. O ideal, antes de iniciar uma modelagem, é elaborar uma pesquisa para verificar se já não há um modelo 3D pronto e mais próximo do personagem ou objeto que será modelado. Dificilmente se encontrará uma figura que apresente a geometria exata do objeto que será modelado, mas é possível adaptar e aplicar as modificações necessárias. Hoje existem inúmeras plataformas que disponibilizam modelos 3D ou vários primitivos geométricos, aumentando a possibilidade de se encontrar um modelo 3D que mais se aproxime das formas do objeto ou personagem a ser construído.

Inicialmente, a modelagem era utilizada principalmente para a produção de peças mecânicas, para a qual existem várias bibliotecas chamadas *Features* (UDF – *User Defined Features*), os conhecidos *primitivos geométricos* da modelagem 3D para animação. Iniciada a modelagem, é necessário se preocupar com a primeira *Feature*, também conhecida como *Feature Base*, que deve ser a mais simples possível. Em outras palavras, embora em alguns *softwares* seja possível personalizar, o primeiro primitivo geométrico para iniciar a modelagem é o modo mais simples possível; também não é preciso que a modelagem inteira de um objeto ou personagem seja feita somente com um *Feature*.

IMPORTANTE

É comum que haja os *Features Base* ou primitivos e que outros elementos de um objeto sejam adicionados a outros *Features* ou primitivos que mais se aproximem dos itens que estão sendo modelados. São os chamados *auxiliares*, desenvolvidos com relação de parentesco da primeira *Feature*, o pai, com os demais, os filhos. Dessa maneira, é possível modelar partes diferentes de um objeto ou personagem sem comprometer o que já esteja pronto – basta executar uma soldagem ou executar uma ação no *software* que una esses elementos.

Em uma modelagem 3D, o uso de parentesco sempre acontece no momento em que uma *Feature,* ou primitivo geométrico, é desenvolvido por meio de elementos como faces, arestas, entre outros itens de uma das *Features* ou primitivos anteriores como referência. Normalmente, isso acontece quando são utilizados comandos como o *Edge*, que se vale de uma forma geométrica anterior como base de construção para um novo desenho, ou seja, quando são desenvolvidas várias partes separadas de uma modelagem e depois é iniciado o processo de fundição. Um primitivo geométrico também pode ser utilizado para desenvolver a estrutura principal da modelagem e posteriormente continuar modelando os demais elementos a partir das faces e arestas. Em ações como os detalhes da modelagem (arredondamentos e chanfros), é recomendável que, no processo de modelagem baseado em parentesco, esses itens sejam elaborados por último.

4.4 Modelagem baseada em modelo predeterminado

Um modelo predeterminado é originado de um primitivo geométrico, que, em alguns *softwares* como o Maya, pode ter todos os parâmetros personalizados antes mesmo de ser adicionado à área de edição. Para executar a ação de inserção de um primitivo por meio do formato de um polígono, é necessário, no *software* Maya, acessar o menu *Create > Polygon Primitives* e, em seguida, escolher o primitivo (no nosso exemplo, será *Torus*). Ao lado de cada opção há um quadrado pequeno, que abre uma caixa de diálogo onde é possível personalizar os parâmetros antes de ser adicioná-los na área de edição, como apresentado na Figura 4.20, a seguir.

Figura 4.20 _ **Exemplo de configuração de primitivo geométrico no *software* Maya**

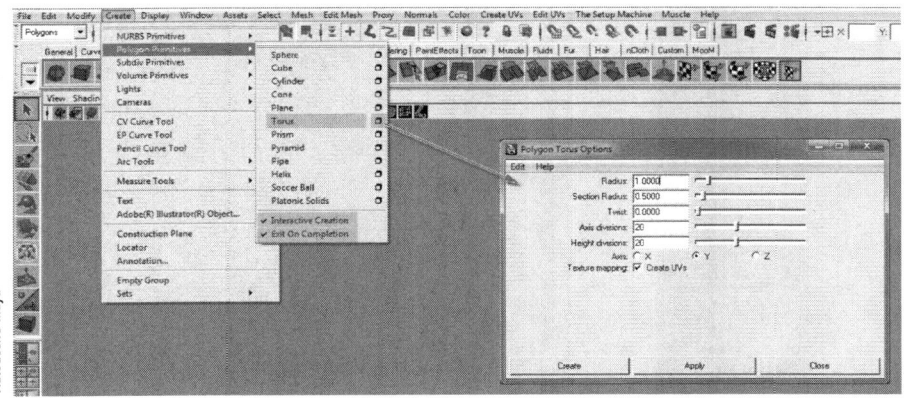

No *software* Maya, a caixa de diálogo aparece em muitas configurações. Depois de configuradas, caso seja pressionada a opção *Apply*, a primitiva geométrica é criada, mas a caixa de diálogo continua aberta. Caso a opção *Create* seja clicada, a primitiva é desenvolvida, e a caixa de diálogo é fechada; já na opção *Close*, fecha-se a caixa de diálogo sem desenvolver ação. No menu *Create* > *Polygon Primitives*, conforme mostrado na Figura 4.20, há duas configurações já selecionadas como padrão, que são os dois itens finais da relação de primitivos: *Interactive Creation* e *Exit on Completion*.

- **Opção *Interactive Creation***: insere a primitiva em qualquer local da cena, sendo acompanhada de um passo a passo para sua configuração. Caso essa opção não esteja selecionada, é desenvolvida de modo automático utilizando as configurações padrão de cada primitiva e inserindo-a no centro da cena, que é a coordenada 0,0,0 de origem.
- ***Exit on Completion***: habilitada como padrão, termina o processo de desenvolvimento da primitiva no momento em que é criada. Caso essa opção não esteja ativada, permite desenvolver outras primitivas com configurações diferentes até que seja encerrada a operação. É recomendável que esteja habilitada caso a opção de *Interactive Creation* também esteja ativa.

IMPORTANTE

O que apresentamos até aqui representa meramente um exemplo do uso dessas funções do *software* Maya. As atualizações ou novas versões do *software* podem apresentar novas funções, alterações de posições de ferramentas ou caixa de diálogos etc., mas o conceito do uso da ferramenta continua o mesmo.

No *software* Maya, depois de adicionado um primitivo, é permitido alterar suas configurações em qualquer momento. Para isso é necessário selecionar e clicar no painel que está no canto superior direito, chamado *Channel Box*, e escolher o terceiro ícone, denominando *Show the Channel Box and Layer Editor*, como apresentado na Figura 4.21, a seguir.

Figura 4.21 _ **Exemplo da localização do ícone *Channel Box***

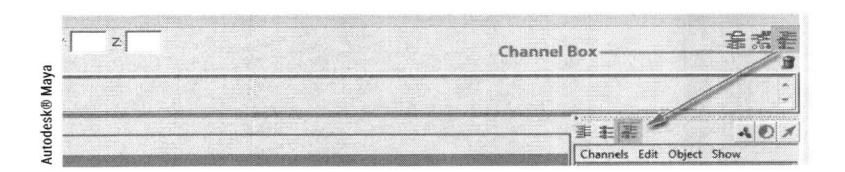

Autodesk® Maya

Ativar a opção do *Channel Box* permite renomear o objeto, ação recomendada para a organização do projeto, principalmente quando se está elaborando uma modelagem com alto grau de complexidade. Para isso, basta clicar no nome e renomear e, para finalizar, pressionar a tecla Enter. Nessa caixa de diálogo, também é possível verificar e conferir os valores de posição, indicados como *Translate*, o de rotação, mostrado como *Rotate*, redimensionamento, indicado como *Scale*, e de visibilidade, mostrado como *Visibility*, além de poder visualizar todo o histórico da modelagem, como é mostrado na Figura 4.22, a seguir.

Figura 4.22 _ **Exemplo de configuração do recurso *Channel Box***

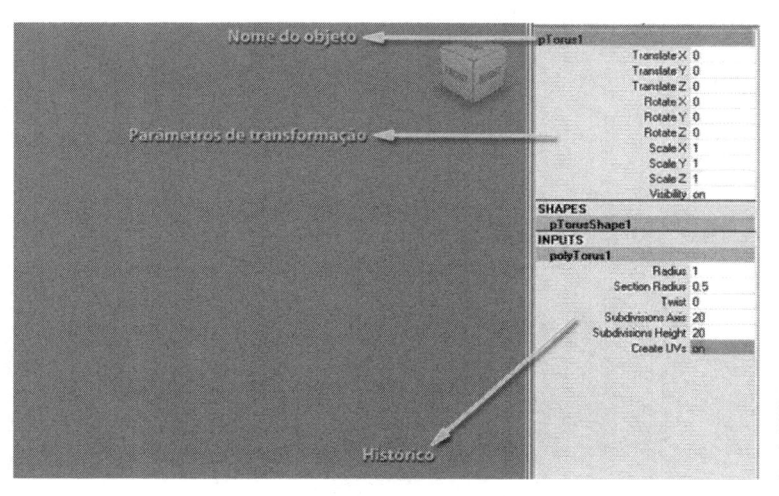

O histórico é visualizado no campo *Inputs*, no qual são apresentadas todas as ações efetuadas em um objeto. Para alterar as informações, basta clicar no nome do objeto, como no exemplo da Figura 4.22, de nome *polyTorus1*. Em seguida, é só modificar os valores e pressionar *Enter*. A operação de um *software* de 3D em um modelo já pronto ou predeterminado é realizada por meio das alterações ou transformações que podem ser executadas no modelo, como rotação, movimento, modificação das dimensões, entre outras. A operação dessas funções no *software* Maya pode ser feita conforme o exemplo da Figura 4.23, a seguir, ou por meio dos atalhos correspondentes, como mover, acionado pela tecla W; rotacionar, ativado pela tecla E; e dimensionar, por meio da tecla R.

Figura 4.23_ **Ícone e atalhos das funções** *mover, rotacionar* **e** *dimensionar* **no** *software* **Maya**

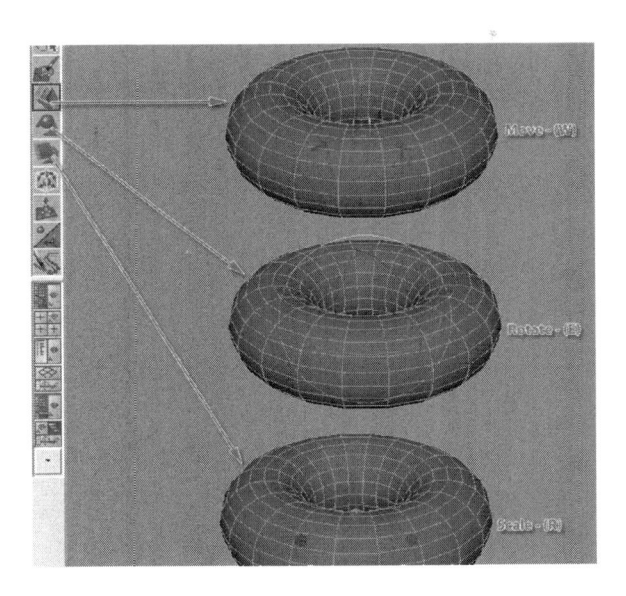

Para mover, rotacionar e dimensionar um objeto, bem como suas faces ou suas arestas, primeiramente é necessário selecionar o atalho no *software* Maya e a tecla Q. A seleção pode ser feita com um clique no *mouse* ou pelo arraste de uma área de seleção com o botão esquerdo do *mouse* pressionado, movendo a área que deseja ser selecionada. Dessa maneira, todos os objetos ou arestas que estavam dentro dessa área selecionada ou que cruzaram a borda de seleção serão selecionados; para adicionar mais elementos, basta apertar *Shift* e mantê-lo pressionado. Caso queira remover elementos de uma seleção, mantenha pressionada a tecla *Ctrl* e pressione ao mesmo tempo os elementos com o *mouse*, conforme padrão de vários *softwares* de computação gráfica.

A operação do recurso *mover* em um modelo predeterminado de um *software* 3D tem suas particularidades. No *software* Maya, depois de selecionados, é possível mover os elementos dentro do espaço 3D; de acordo com a seleção feita, a movimentação é diferente. Ao selecionar alguns dos eixos das setas coloridas, conforme apresentado na Figura 4.24, a seguir, será movimentada apenas a direção do eixo.

Figura 4.24 _ **Exemplo de opção do recurso *mover* com o quadrado amarelo e as setas coloridas**

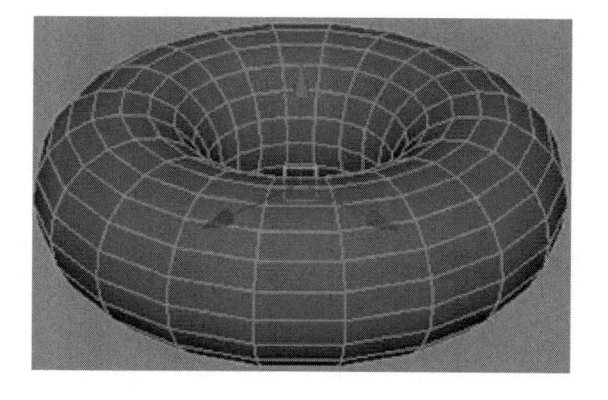

Caso seja selecionado o quadrado amarelo central, a movimentação ocorrerá de maneira livre nos três eixos, nas câmeras, nas perspectivas e em dois eixos, bem como nas vistas ortogonais. As vistas ortogonais são o resultado das figuras criadas no plano que resultam de projeção de todos os pontos de outra figura fora dele. Em um exemplo prático e ilustrativo, uma vista ortogonal seria uma sombra de uma figura geométrica em plano sob o sol do meio-dia. Uma vista ortogonal é formada pelo ângulo 0°, e a reta ou segmento inicial forma um ângulo qualquer (Silva, 2021).

O recurso *rotacionar*, ou *Rotate*, cujo atalho é a tecla E; dependendo da maneira que for selecionado, produz resultados diferentes. No *software* Maya, selecionando os arcos coloridos, conforme apresentado na Figura 4.25, a seguir, o objeto será rotacionado simplesmente no contorno daquele mesmo eixo. Caso seja executada uma seleção da área interna dos arcos, será aplicada uma rotação livre nos três eixos, nas vistas de câmera e na perspectiva, ou no eixo das vistas ortogonais. Caso a seleção seja do arco na cor amarela, a rotação deve ser realizada por meio de um eixo imaginário, que é perpendicular à vista atual, conforme apresentado a seguir.

Figura 4.25 _ **Exemplo do recurso *rotacionar* com os arcos coloridos no *software* Maya**

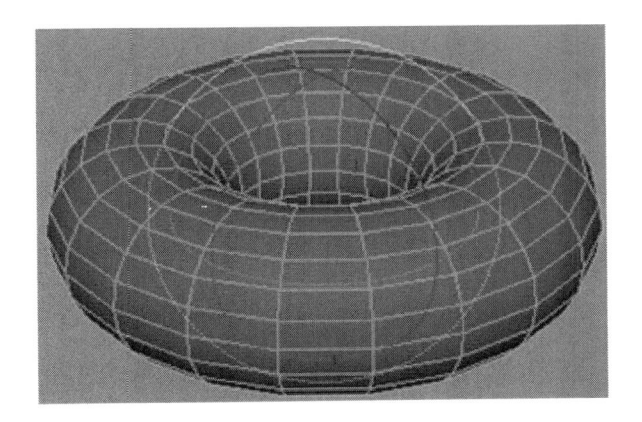

O recurso *redimensionar* modifica o tamanho de um ou mais objetos que estão na cena; dependendo da maneira como é realizada, a seleção desse redimensionamento pode ocorrer de modo uniforme ou distorcido.

4.5 Modelagem baseada na técnica *Poly by Poly*

A utilização da técnica de *Box Modeling* é um estilo tradicional de modelagem mediante malhas poligonais, assim como o método *Poly by Poly*, que parte de um plano ou de uma única vértice para ser o ponto inicial de uma modelagem. Pela edição de arestas e faces, a modelagem é efetuada gradualmente, até que se chegue à forma esperada, diferentemente da técnica do *Box Modeling*, cujo ponto de partida é um dos primitivos geométricos, nos quais são feitos os refinamentos por meio do corte, da suavização da forma, até se aproximar da melhor maneira possível da modelagem finalizada.

Veja o exemplo na Figura 4.26, a seguir. A imagem do lado esquerdo é uma modelagem por *Box Modeling* em que, com base em uma figura geométrica, foi esculpida uma forma via corte das faces e vértices para se aproximar do que está sendo apresentado. E a imagem do lado direito é a modelagem da mesma figura com a técnica de *Poly by Poly*, que, embora seja mais trabalhosa, viabiliza a obtenção do mesmo resultado.

Figura 4.26 _ **Comparação das técnicas *Box Modeling* (à esquerda) e *Poly by Poly* (à direita)**

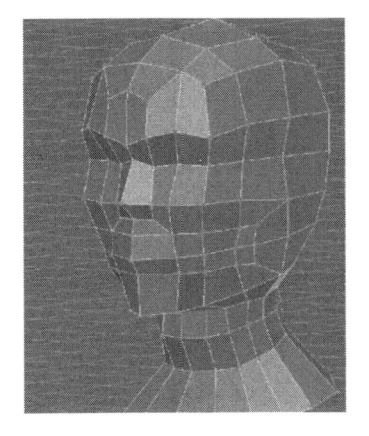

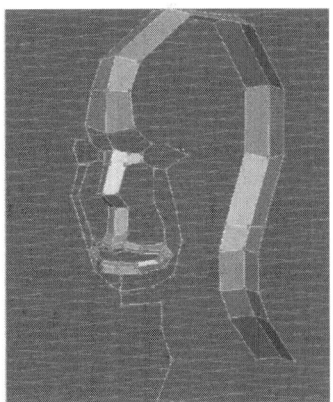

Autodesk® Maya

De acordo com a comparação ilustrada da Figura 4.26, fica claro que, na utilização da técnica de *Box Modeling*, o tempo de desenvolvimento de uma modelagem é reduzido; no entanto, ter o conhecimento da técnica *Poly by Poly* facilita o entendimento do trabalho realizado, principalmente quando estão sendo efetuadas ações precisas de manipulação de vértices. Esta última técnica era muito utilizada no início das modelagens por *softwares* de desenvolvimento de modelagem 3D. No entanto, com os avanços da tecnologia e a utilização dos conceitos de esculpir objetos e personagens, esse método perdeu espaço, pois técnicas como a de *Box Modeling* possibilitam o desenvolvimento de uma modelagem mais livre, e a modelagem pode ser mais precisa, graças a referências como *Blueprints* (que prescindem da preocupação com a topologia) e ao uso do processo de retopologia.

O método *Poly by Poly* é excessivamente minucioso e técnico, pois demanda a manipulação muito cuidadosa dos *Edges* e vértices para criar formas corretas sem deformações; além disso, exige muita prática na edição desses elementos principais que compõem o modelo 3D. É recomendável, para o uso dessa técnica, utilizar desenhos de estudos de topologia de referência e importar os arquivos relacionados para um *software* de modelagem 3D para elaborar uma modelagem. Contudo, ainda que, atualmente, o processo de retopologia seja mais utilizado, é essencial para um modelador profissional conhecer a técnica *Poly by Poly*, que, em muitos casos, resolve alguns problemas de modelagens de maneira muito mais satisfatória, principalmente de objetos inorgânicos, como veremos no próximo capítulo.

SÍNTESE

Neste capítulo, abordamos os conceitos técnicos do processo de modelagem 3D, que envolvem o tratamento de itens de animação como cor, textura e rugosidade, elementos que permitem constituir desde cenários até personagens para *games*. No decorrer desta parte da obra, enfatizamos a importância das referências para o *designer* da área: esse profissional precisa municiar-se de fotografias, ilustrações e artes conceituais que lhes deem apoio no processo de modelagem 3D.

Elencamos alguns tipos de arquivos prontos, chamados *modelos de desenho 3D*, elaborados nos programas de modelagem, que podem dinamizar o trabalho de modelagem 3D com os *softwares* Maya e Blender. Ainda, tratamos das possibilidades de trabalho dessas ferramentas de edição com os modelos prontos, especificando procedimentos de trabalho, bem como modos de customização de atalhos e de áreas de trabalho, para tornar o trabalho de modelagem ainda mais eficiente.

Por fim, analisamos métodos de modelagem muito significativos para o trabalho do *designer* de *games* – o *Box Modeling* e o *Poly by Poly*. Elencamos suas especificidades, suas aplicabilidades e seus limites operacionais, bem como especificamos seus campos de aplicação e suas vantagens no trabalho de modelagem 3D.

Gorodenkoff/Shutterstock

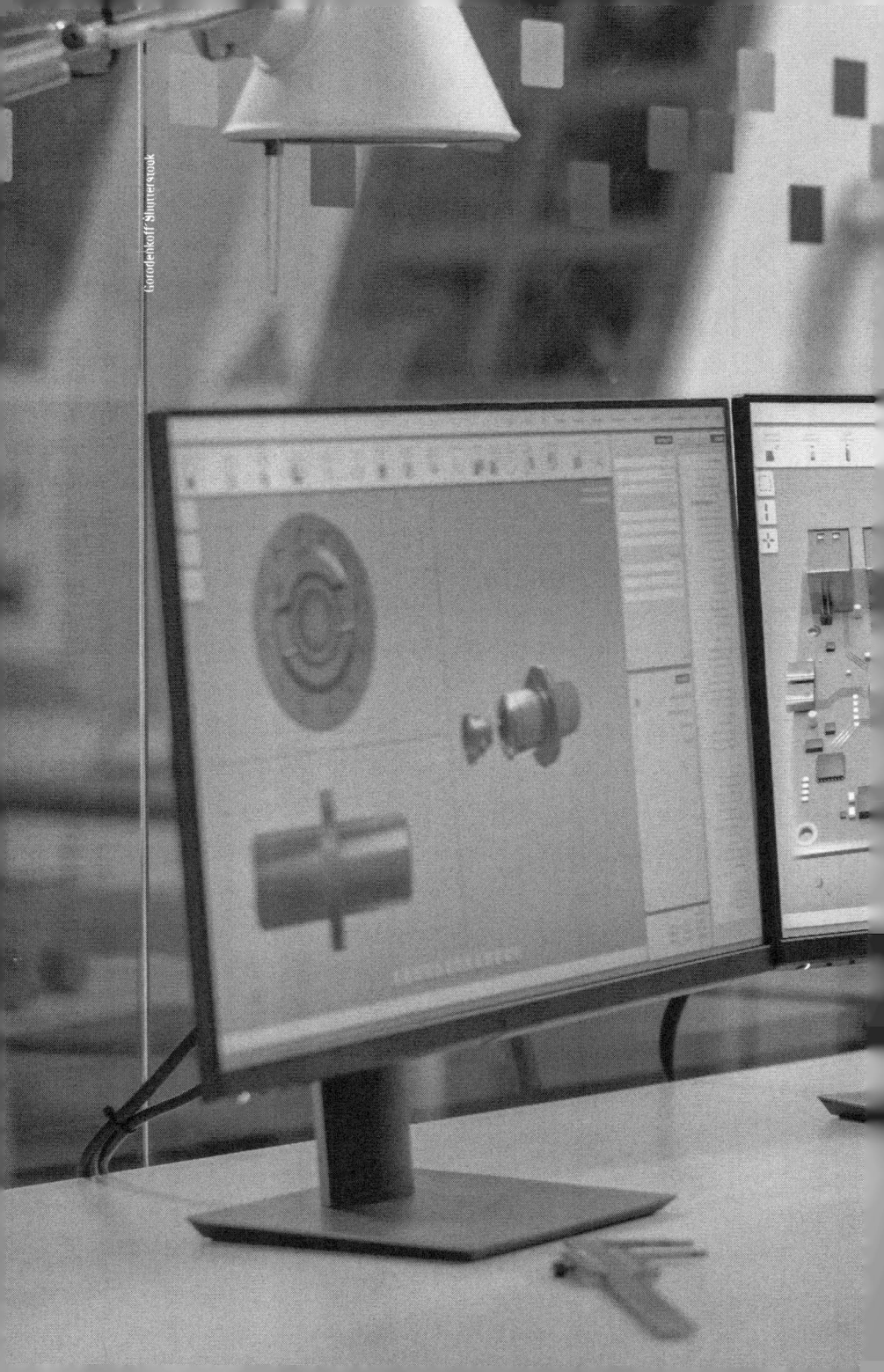

CAPÍTULO 5

TÉCNICAS DE MODELAGEM AVANÇADA 3D

Neste capítulo, analisaremos com mais detalhes a técnica de modelagem *Poly by Poly*, destacando seus princípios, os modos de utilização desse recurso com uma imagem de referência e seu uso no *software* Maya, pois, como explicamos no capítulo anterior, a técnica, ainda que seja complexa e demande elevada experiência por parte do *designer*, resolve, em muitos casos, problemas de certas modelagens.

Na sequência, trataremos com maior profundidade de outro recurso que facilita o processo de modelagem, como *Blueprints*. Para finalizar o capítulo, exploraremos os conceitos de cenários, seus componentes básicos e a importância da iluminação nesse elemento da modelagem 3D.

5.1 Modelagem *Poly by Poly* no Maya

No contexto do *software* Maya, para utilizar a técnica *Poly by Poly*, como o nome do próprio método diz, é necessário, em vez de utilizar um primitivo geométrico pronto, desenhar polígono por polígono para se construir uma malha. Para isso, deve-se selecionar a ferramenta de criação de polígonos e clicar na área de edição para inserir o primeiro vértice e, na sequência, repetir esse processo para adicionar os demais vértices.

Figura 5.1 _ **Inserção do primeiro vértice (à esquerda) e do segundo vértice (à direita)**

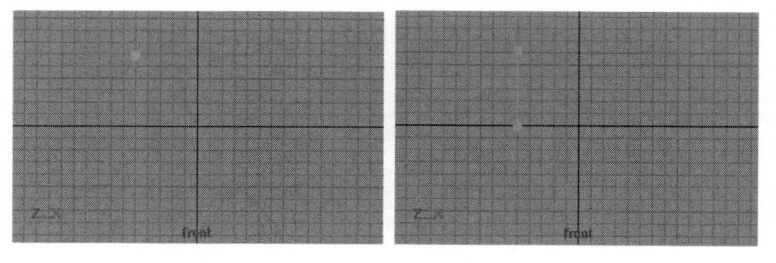

FIQUE ATENTO!

Não se esqueça de que, em razão de o Maya ser um *software* de produção de modelagem 3D, é possível desenhar nos três eixos – X, Y e Z. Como se está iniciando com um modelo plano, deve-se desenhar no eixo Y, utilizando a vista frontal, pois o eixo X representa a base de um modelo, e o eixo Z se refere à perspectiva, que transmite a sensação de profundidade. Em outras palavras, o eixo Z forma a figura de cima para baixo, o eixo X forma da esquerda para direita e o Y refere-se à distância. Como a modelagem 3D é digital, o eixo Y pode ser usado como exemplo de uma linha que está mais longe ou mais próxima da visualização do monitor.

No momento em que é inserido o segundo vértice na área de edição do *software* Maya, é criada uma linha entre o primeiro e o segundo vértice. Quando é criado o terceiro, uma linha tracejada aparece mostrando a direção que o liga ao primeiro, como é representado na Figura 5.2, a seguir.

Figura 5.2 _ **A linha tracejada representa uma opção para criar a face de uma modelagem**

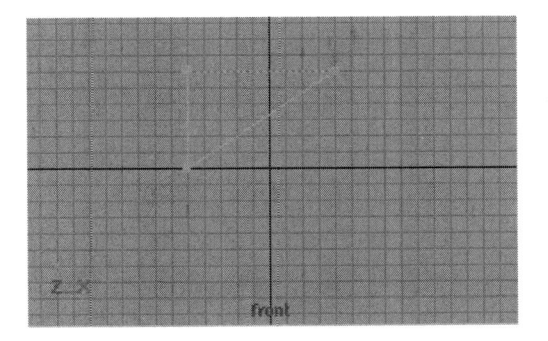

Nesse caso, é importante prestar atenção, pois o lado em que o elemento é inserido na área de edição a partir do segundo vértice indica a direção em que a face será criada. Caso os vértices sejam inseridos no sentido anti-horário em relação ao primeiro vértice adicionado, a face será apontada para cima; caso seja para o sentido horário, a face apontará para baixo. Quando o desenho é concluído, basta apertar a tecla Enter. Vejamos o resultado no Figura 5.3, a seguir.

Figura 5.3 _ **Figura geométrica na finalização de sua forma**

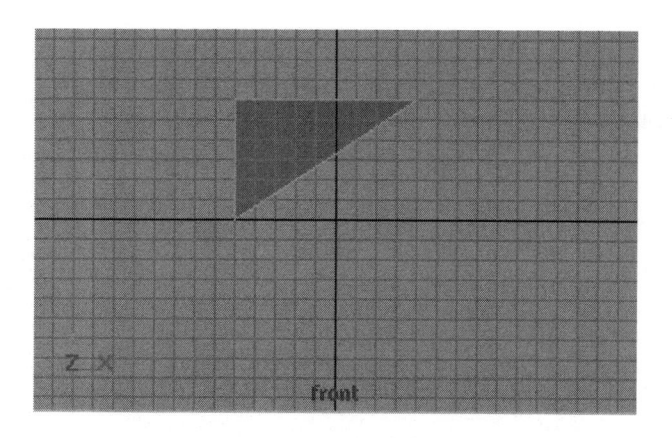

FIQUE ATENTO!

Para iniciar um novo desenho na técnica *Poly by Poly*, pressione a tecla Y. Para ativar o modo de edição de vértice, acione a tecla *Home* ou *Insert*; para sair da área de edição, pressione novamente a tecla *Home* ou *Insert*.

O *software* Autodesk® Maya viabiliza o uso de um modelo *Poly by Poly* predeterminado, ou seja, que já esteja pronto, elaborando alterações necessárias para refinar a modelagem. Essas modificações são desenvolvidas por meio das edições dos vértices, das faces e da adição de polígonos. Para inserir polígonos em um modelo predeterminado no Maya, ou seja, em uma malha que já existe, utiliza-se a ferramenta *Adicionar ao polígono*, que cria um novo polígono por uma aresta como ponto de partida.

FIQUE ATENTO!

Para fazer o procedimento no Maya e inserir um polígono em uma malha existente, basta selecionar o modelo predeterminado, acessar o menu de malha (*Mesh Tool*) e escolher a opção para adicionar polígono. Feitos esses procedimentos, as bordas se destacam e tornam-se mais espessas; nesse momento, basta clicar na extremidade em que se deseja adicionar o polígono no qual será criada uma nova face. Na sequência, aparecerão setas indicando a direção da aresta para fechar a face. A partir desse ponto, é só continuar inserindo vértices ou selecionando as arestas. Caso se queira remover o último vértice inserido, pressione a tecla *Delete* e, para finalizar, a tecla *Enter*. Em seguida, basta fazer todo o processo de edição utilizando os comandos básicos para desenhar polígono por polígono.

Na adição de polígonos, é necessário acrescentar faces às extremidades dos vértices. Para isso, no contexto do Maya, é necessário acessar *Edit Mesh*, escolher a opção *extrusão* e modificar a face conforme desejar. Para adicionar novas faces em um polígono no Maya, também é possível usar a ferramenta chamada *Quad Draw*. Nesse caso, selecione a malha que se pretende adicionar à face, acesse o menu *Mesh Tools* e selecione a opção *Quad Draw*, ou, ainda, na barra de ferramentas, clique no ícone demonstrado a seguir.

Figura 5.4 _ **Ícone da função *Quad Draw* no *software* Maya**

Na sequência, é preciso soltar os vértices e criar polígonos, como em uma edição normal. Essa ferramenta é muito útil quando é necessário adicionar uma nova face com uma forma geométrica específica, como demonstrado na Figura 5.5, a seguir.

Figura 5.5 _ **Exemplo da utilização da ferramenta *Quad Draw* no *software* Maya**

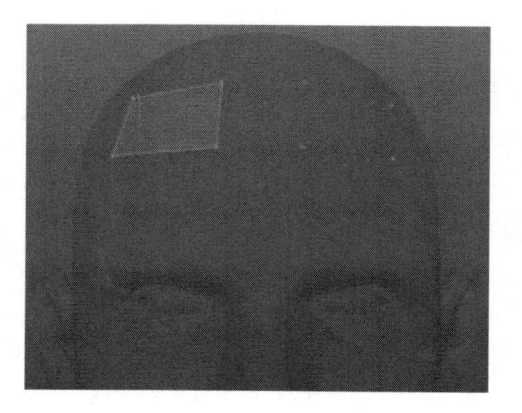

A ferramenta *Quad Draw* é indicada, principalmente, para a inserção de novos detalhes simétricos de uma modelagem. Vale ressaltar que o uso é mais fácil se a malha poligonal também for 100% simétrica. Caso não haja essa possibilidade, pode-se utilizar normalmente a ferramenta *Quad Draw*. Entrementes, nesse caso, é indicado utilizar o comando *limpeza*.

> **O QUE É**
> No *software* Maya, a função de limpeza está disponível no menu *Select Mesh* por meio da opção *Cleanup*. Esse recurso remove as imperfeições da geometria de uma malha poligonal.

É por intermédio das mesclagens dos vértices que ocorrem as imperfeições provocadas pela adição das novas faces. Tais deformações são mais perceptíveis no momento da renderização. É importante ressaltar que o exposto nesta seção diz respeito a conceitos específicos do *software* de modelagem 3D Maya. De acordo com as versões e traduções, as funções podem estar localizadas de maneiras diferentes ou receber novos nomes; entretanto, os fundamentos são os mesmos.

Agora que apresentamos alguns comandos básicos, comece a praticar modelagens no *software* de modelagem 3D Maya, pois é a melhor maneira de você obter familiaridade com os recursos e com as ferramentas da ferramenta.

5.2 Modelagem por *Blueprint*

Uma cópia heliográfica, ou *Blueprint*, é um gabarito usado na elaboração de desenhos técnicos normalmente utilizados na engenharia, na arquitetura e no *design*, inclusive em *games*. Para modelagem em 3D, é importante utilizar referências de um desenho ou uma ilustração 2D em diversas vistas, que devem servir como orientação para o desenvolvimento da modelagem. O *Blueprint* originalmente é composto de linhas brancas em fundo azul e em modelos impressos, daí a origem de seu nome.

Quando uma modelagem em 3D caracteriza-se por uma abordagem mais técnica, é necessário que ela seja orientada como na construção de objetos ou personagens complexos, cujas proporções corretas devem ser respeitadas. A utilização de *Blueprints* como guias visuais é importante, pois, caso não seja utilizada uma referência visual, a modelagem pode apresentar resultados voltados mais para projetos experimentais do que comerciais. Embora os profissionais que trabalham com modelagem sejam considerados artistas na área de 3D, o processo é muito mais técnico do que artístico; portanto, a utilização de *Blueprints* é extremamente aconselhada na maioria dos projetos.

Os arquivos de referências de *Blueprint* estão disponíveis em várias plataformas. Há versões gratuitas e pagas; diversas produtoras que trabalham com modelagem e animação em 3D para *design* de *games* contam com sua própria biblioteca para facilitar o desenvolvimento das modelagens. Praticamente todos os *softwares* destinados a esse trabalho permitem a utilização de *Blueprints*, que normalmente são utilizados como plano de fundo ou primeira camada da modelagem, em geral configurados nas opções de *Viewport* ou 3D *View*.

FIQUE ATENTO!

Quando a modelagem utiliza o *Blueprint* como referência, o ideal é ter à disposição desenhos técnicos de vários ângulos ou, no mínimo, de três vistas – *front* (frontal), *side* (lateral) e *top* (superior). Para importar esse desenho técnico utilizando o *software* Maya, por exemplo, usa-se o recurso *Image Plane* com base no seguinte processo: *View > Image Plane > Import Image*. Na maioria dos *softwares* de 3D, no processo de modelagem, bem como nas vistas de câmeras, é possível visualizar a modelagem em diferentes ângulos. Dessa maneira, é importante verificar em cada *software* qual é o local correto de importação da imagem, de acordo com cada vista.

Figura 5.6 – **Exemplo de importação de Blueprint em três vistas no *software* Maya**

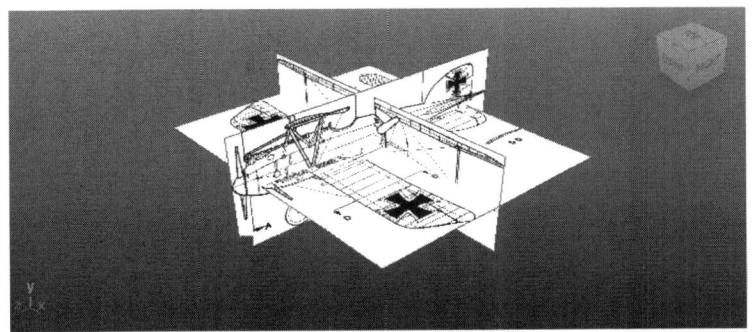

No momento da operação dos *softwares* de modelagem 3D, deve-se ter a preocupação de importar cada imagem na vista certa, ou seja, a imagem *front* deve ser importada na vista frontal, a *side* na vista lateral, e assim sucessivamente. No *software* Maya, após o processo de importação, a vista geral deve ser apresentada como na Figura 5.6.

FIQUE ATENTO!

Depois de importado o *Blueprint* no *software* Maya, caso seja necessário realizar alguma alteração, como modificações nas dimensões ou quaisquer alterações de atributos, o processo ocorre no menu *View*. Em seguida, efetua-se o seguinte procedimento: *Image Plane > Image Plane Attributes >* Seleção do nome do arquivo da imagem. No exemplo, o nome da figura é "imagePlane2", conforme apresentado a seguir.

Figura 5.7 _ **Exemplo de processo de alteração dos parâmetros de *Blueprint* no *software* Maya**

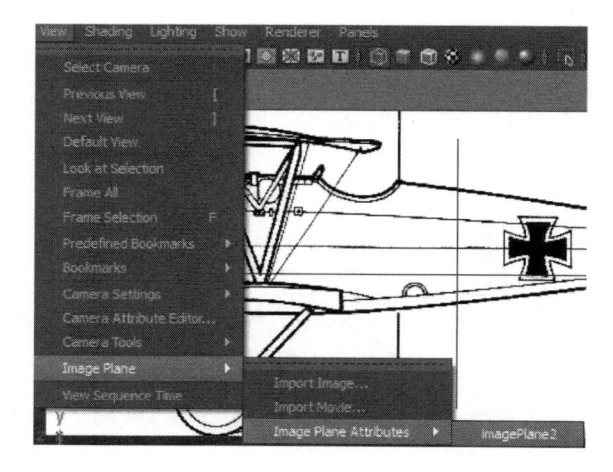

Seguidos esses passos, abre-se a caixa de diálogo do *Attribute Editor*. Na sessão *Placement Extras*, podem ser alterados os parâmetros da largura no campo *Width* e da altura no campo *Height*, como destacado na Figura 5.8, a seguir.

Figura 5.8 _ **Exemplo do *Attribute Editor* – campo para alterar a largura de *Blueprint* (detalhe)**

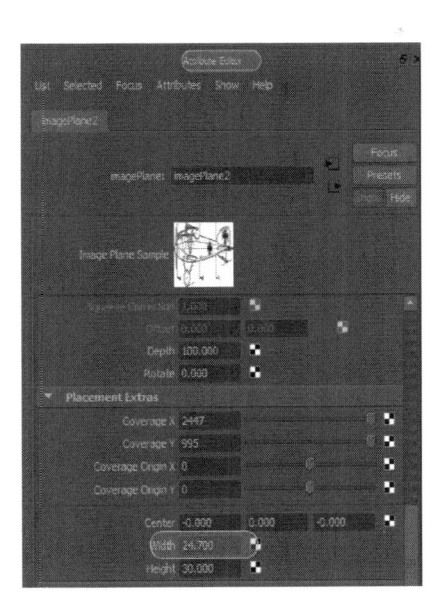

Na caixa de diálogo do *Attribute Editor*, também é possível visualizar uma miniatura da imagem para se certificar de que a imagem que se está alterando é a correta, como apresentado anteriormente. Antes de iniciar o processo de modelagem por *Blueprint*, portanto, é importante que as referências estejam configuradas corretamente, a fim de que não sejam desenvolvidas com imperfeições. Observe a figura a seguir, na qual a vista lateral (*side*) não está exatamente na mesma dimensão das demais (à esquerda). Caso isso ocorra, é recomendável que as imagens sejam redimensionadas até se chegar ao resultado apresentado (à direita) na Figura 5.9.

Figura 5.9 _ **Comparação das vistas importadas com as dimensões corrigidas**

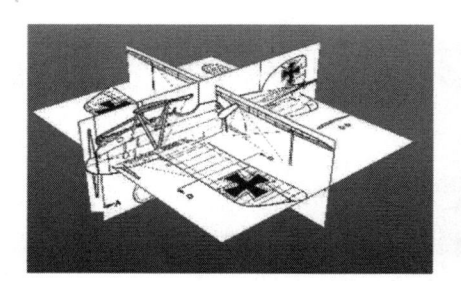

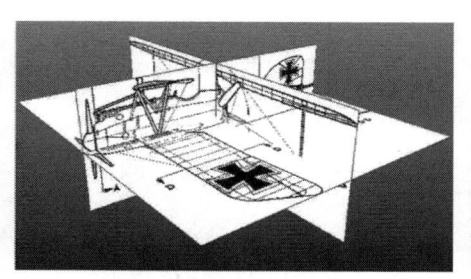

Na Figura 5.9, as alterações foram feitas diretamente nas configurações do *Image Plane*. Assim, as referências estão corretas e associadas às câmeras. Para ocultar uma imagem, basta desabilitar a câmera correspondente. Para ocultar uma câmera, basta acessar o menu *Show* e desabilitar a opção *Cameras* da vista escolhida; após esse processo, é só importar um primitivo e começar o processo de modelagem 3D.

A técnica de modelagem por *Blueprints* proporciona resultados precisos, desde que seja desenvolvida com bom planejamento. Antes de iniciar, é recomendável analisar a imagem de referência e verificar se as configurações estão corretas e se apresentam qualidade de desenho técnico. O primeiro procedimento é encontrar um *Blueprint* ideal que atenda às necessidades da modelagem. Nos projetos de médio e grande portes, geralmente fazem parte da equipe de produção profissionais especializados em desenvolvimento de desenhos técnicos para desenvolver os *Blueprints* personalizados para cada trabalho. É importante para o especialista que trabalha com a modelagem 3D conheça os fundamentos técnicos de um *Blueprint* para saber solicitar corretamente o desenho; desse modo, evitam-se erros e a necessidade de refazer o trabalho.

FIQUE ATENTO!

Os *Blueprints* desenvolvidos da maneira correta não são suficientes para garantir a qualidade de uma modelagem em 3D. Portanto, é necessário que sejam importados corretamente – normalmente, esses elementos são visualizados nos *softwares* de modelagens nas *Viewports*. É fundamental que, além de conhecer os comandos básicos para a edição e a manipulação do *software* 3D, o *designer* saiba como funciona a navegação das *Viewports*, isto é, entenda como utilizar e visualizar com eficiência as vistas ortogonais e de câmeras em que são inseridos os *Blueprints*, mas de modo dinâmico, para que possa utilizar com praticidade e alternar de uma visualização para outra com rapidez.

Utilizando como exemplo o Maya (que é similar a outros *softwares*), o recurso de navegação demanda que a tecla *Alt* esteja pressionada simultaneamente com os botões do *mouse* para se obter determinada visualização. Por exemplo: para a visualização conhecida como órbita, *orbit* em inglês, é necessário manter a tecla *Alt* pressionada em conjunto com o botão esquerdo do *mouse* e arrastá-lo no contorno do objeto; assim, é possível visualizar a rotação da câmera nessa posição. Na órbita como padrão, o centro da cena corresponde ao centro da rotação.

FIQUE ATENTO!

No *software* Maya, caso haja mais do que um objeto na cena, é necessário selecionar os elementos e pressionar a tecla F para enquadrar todos os itens escolhidos e criar o centro da cena da rotação da câmera a partir de todos esses objetos visualizados na *Viewport*. Dessa maneira, quando se tem mais de um objeto, é selecionado o centro da visualização da órbita, resultado da média dos centros dos *Pivots* de todos os objetos.

A visualização panorâmica é conhecida nos *softwares* como *Pan*. No Maya, esse recurso é acessado por meio da tecla *Alt* pressionada com o botão do meio do *mouse*, ou seja, o *scroll*. Movimentando o *mouse* (e não o *scroll*), é possível visualizar um deslocamento paralelo. Para exemplificar, podemos citar a visão de uma fotografia de uma lente grande angular, com que é possível visualizar um cenário por completo – só que, diferentemente da fotografia, nessa visualização o cenário está fixo e a câmera é que se movimenta.

O *software* Maya dispõe de uma visualização denominada *Dolly*. Para navegar com esse recurso, mantém-se a tecla *Alt* pressionada em conjunto com o botão direito do *mouse*. A visualização é similar a um *zoom*, mas, tecnicamente, é o deslocamento das lentes de uma câmera visualizando a perspectiva. A navegação também pode ser realizada por meio da rolagem do botão central – é possível ter a visão panorâmica com o *zoom*, pois, rolando o *scroll* para frente, aproxima-se ou amplia-se a imagem. Rolando para trás, o *zoom* vai se distanciando ou diminuindo. No caso do *scroll*, a visualização é menos precisa do que com o comando Alt + botão direito do *mouse*.

FIQUE ATENTO!

No momento da modelagem, a agilidade é fundamental na utilização dos *Blueprints* como referência (ou até em uma modelagem artística). Sendo assim, é recomendável trabalhar de modo confortável – para isso, a estação de trabalho, seja um *desktop*, seja um *notebook* com configurações que permitam trabalhar com *softwares* 3D, é importante que o profissional esteja bem acomodado e que seus instrumentos de trabalho estejam eficientemente dispostos, pois, em muitos momentos da modelagem, serão utilizados o teclado e o *mouse* simultaneamente. Dessa maneira, é aconselhável trabalhar em uma mesa, e, no caso de trabalho com *notebook*, usar *mouse* externo.

Outro recurso que traz agilidade para a modelagem, presente nos principais *softwares*, é da rotação de câmera. Essa função está disponível no ícone chamado *View Cube*, como apresentado na Figura 5.10, a seguir, comumente encontrado no canto superior direito da área de edição.

Figura 5.10 _ **Ícone *View Cube***

Ao abrir o *software* e iniciar uma edição, em geral o ícone já aparece. Caso não esteja habilitado ou se você desejar desabilitar, basta acessar o menu *View Cube*, em seguida escolher *Display* e, então, a opção *Heads Up Display* e clicar em *View Cube*. Operar esse recurso é fácil: basta apertar o *mouse* em um dos lados, cantos ou extremidades do cubo – ele rotacionará para visão da câmera, conforme as opções predefinidas. Ao pressionar o *mouse* em cima do desenho da casa que está no canto superior esquerdo do ícone, volta-se para a visualização padrão.

Com os desenhos dos *Blueprints* inseridos corretamente no *software* de modelagem 3D e após a escolha do primitivo geométrico que mais se aproxima do objeto que será modelado, o próximo passo consiste em analisar o desenho e verificar se não existem formas que serão repetidas na modelagem. Por exemplo, na modelagem de um personagem com aparência humana, não é necessário criar as duas pernas, os dois braços, as duas orelhas, os dois olhos – cria-se somente um elemento e espelha-se uma cópia dele. Se houver alguma característica peculiar, altera-se a partir da cópia.

FIQUE ATENTO!

No *software* Maya, para criar uma cópia, utiliza-se Ctrl + D com o objeto a ser copiado selecionado, ou por meio do menu *Edit*, selecionando *Duplicate*. No Maya, a cópia é feita no mesmo local em que o objeto foi selecionado, ou seja, a cópia fica em cima do próprio objeto.

Quando é feita uma cópia, as informações do histórico ficam zeradas. Assim, não é possível elaborar alterações por meio dos parâmetros. Caso seja necessário efetuar mais do que uma cópia a partir de um original, você deve ir ao menu *Edit* e selecionar a opção *Duplicate Special*, que abrirá a caixa de diálogo *Duplicate Special Options*, conforme apresentado na Figura 5.11, a seguir.

Figura 5.11 _ **Caixa de diálogo *Duplicate Special Options***

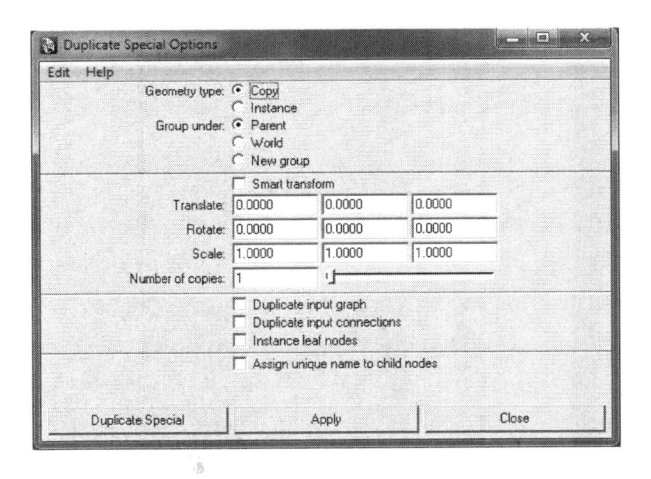

- **Opção *Copy*:** opção padrão; quando estiver selecionada, são feitas cópias independentes.
- **Opção *Instance*:** destinada a cópias estanciadas, que são duplicações vinculadas à original. Conforme são elaboradas edições, manipulações ou alterações dos parâmetros de uma das cópias, são automaticamente alteradas em todas as ocorrências.
- **Opção *Parent*:** faz com que seja mantida a função de hierarquia, para os objetos filhos.

- **Opção *World*:** tem a função contrária, desvinculando a hierarquia, caso o objeto seja um filho.
- **Opção *New Group*:** destinada para modelagens extremamente complexas com bastantes detalhes, pois abre um grupo com os objetos duplicados para melhor organização.

A caixa de diálogo *Duplicate Special Options* também oferece a opção *Smart Transform*. Se habilitado esse recurso, a duplicação é efetuada por meio da última ação de transformação aplicada no objeto. Caso o objeto a ser duplicado seja deslocado, as próximas cópias serão duplicadas com a mesma distância desse deslocamento. Esse recurso é útil para modelar partes de um objeto que se repetem. Por exemplo, se estiver sendo feita a modelagem das janelas de um edifício, basta modelar somente uma, copiar e mover para a distância correta de uma janela para a outra e executar essa ação. Outro modo de utilizar a função no *software* Maya é pelo menu *Edit*. Após selecionar a opção *Duplicate with Transform*, abaixo de *Smart Transform* aparecem as opções *Scale*, *Rotate* e *Translate*, por meio das quais é possível adicionar individualmente os parâmetros para as duplicações. A opção *Number of Copies* define a quantidade de duplicações, que podem chegar até 1.000.

5.3 Modelagem de cenário

O cenário é o local onde a história do *game* se passa e que contém os componentes para ambientar o jogador e fazer com que ele entenda melhor a narrativa. É composto por elementos com texturas, cores e mobiliários, bem como por detalhes de estilo sutis e pequenos objetos. Os cenários para *design* de *games* em 3D são conhecidos como *virtuais*; fazendo-se uma comparação com um cenário real, é possível pensar em uma fotografia de uma cena qualquer, que pode ser de um teatro, da televisão ou de um filme. Para se tirar uma fotografia, a primeira ação a ser realizada é colocar a câmera de maneira que a cena esperada seja fotografada; para obter mais precisão, é recomendável o uso de tripé. Também é possível utilizar diversas lentes que proporcionem diferentes vistas do cenário do *game* (p. ex., uma lente grande angular e regulagem do *zoom*).

Em uma cena virtual, o posicionamento é dos objetos, e as configurações das diversas lentes são visualizadas através do *Viewport*, como apresentado na Figura 5.12, a seguir, que demonstra um exemplo de cenário virtual com todos os detalhes do mobiliário (as velas, o espelho, a textura do tapete, a iluminação, os detalhes da madeira, a luz da vela refletindo no piso, os relevos das paredes etc.).

Figura 5.12 _ **Exemplo de cenário virtual**

No cenário virtual 3D, diferentemente de uma fotografia, que é estática, é possível alterar a visualização do observador de acordo com a cena – como padrão, o posicionamento está nas coordenadas 0,0,0 nos eixos X, Y e Z. O olhar do observador também pode ser para o centro da cena e nessa mesma coordenada de 0,0,0 nos eixos X, Y e Z. Para transmitir mais naturalidade a uma modelagem e animação 3D, normalmente o observador é afastado da cena para poder visualizar o ambiente completamente, como é apresentado Figura 5.13, a seguir.

Figura 5.13 _ **Esquema de alteração de visão do observador em relação à cena**

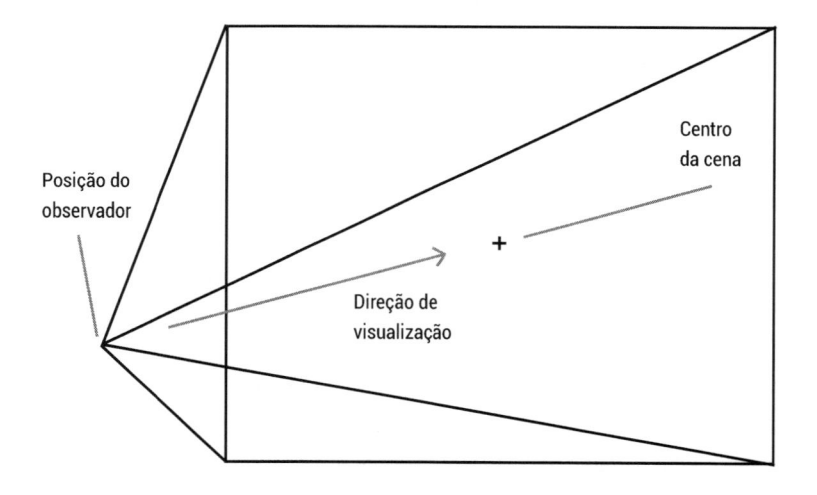

Os *softwares* de modelagem e animação 3D dispõem de recursos que permitem não só a opção padrão de mover o observador e modificar o direcionamento da visualização, conforme ilustrado na Figura 5.13. Para ser considerado um cenário em três dimensões, é necessário que haja outros elementos além do objeto ou do personagem modelado, bem como pelo menos um ponto de iluminação e configuração de uma visão do observador em relação à câmera. Usando como exemplo o *software* Blender, a inserção de pontos de iluminação é realizada via menu *Add* e, em seguida, opção *Lamp*. No exemplo a seguir, foi escolhido lâmpada do tipo *spot*.

Figura 5.14 _ **Exemplo de composição de cenário (à esquerda) e visualização pelo observador (à direita) no *software* Blender**

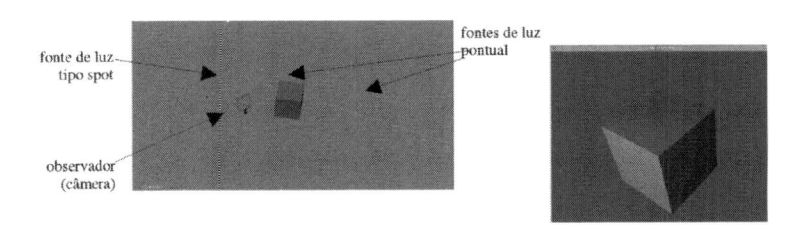

O cenário apresentado na Figura 5.14 é formado por um cubo, no qual foram inseridas três lâmpadas do tipo *spot*; à direita, temos uma representação de como essa cena é visualizada por uma câmera. Como não foram inseridas cores ou texturas, essa iluminação é representada em tons de cinza para melhor compreensão.

IMPORTANTE

As fontes de luz são fundamentais nas modelagens e animações 3D, sendo componentes que passam a sensação de realismo, pois procuram emular as influências dos aspectos da iluminação da maneira mais realística possível.

Por exemplo, a refração ou as características dos objetos que refletem são fatores que também proporcionam o realismo de uma boa modelagem em 3D. Embora às vezes seja pouco perceptível no cotidiano, a refração se refere à mudança de direção de uma onda que se propaga em determinado objeto; no caso da modelagem e da animação, ela está relacionada à onda da luz. Observe os objetos que estão ao seu redor com mais atenção e veja como a influência da luz altera sua percepção. Tal aspecto deve ser considerado em uma modelagem 3D.

As fontes de luz que formam a iluminação de um cenário em 3D sofrem influências das características e do modo como foram aplicados os materiais nos objetos ou personagens modelados. Por exemplo, se foi aplicada uma textura em uma calça *jeans*, se é um elemento com brilho, translúcido como um vidro ou refletor como um espelho. Caso não seja inserida nenhuma textura ou cor em um objeto modelado ou como nenhuma fonte de luz, o objeto, no momento em que é visualizado, fica opaco como na Figura 5.15, a seguir.

Figura 5.15 _ **Exemplo de figura geométrica sem iluminação (à esquerda) e com iluminação (à direita) no** *software Blender*

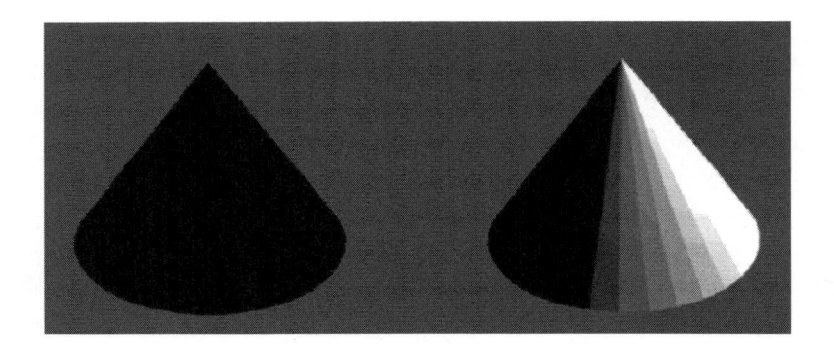

A iluminação pode ser definida como ambiente, difusa e especular:

- **Ambiente**: refere-se à luz propagada no ambiente de modo que não sejamos capazes de definir sua direção.
- **Difusa**: refere-se a uma fonte de luz de somente uma direção que alcança uma superfície e se reflete por todas as direções.
- **Especular**: relaciona-se à luz que é apontada apenas em uma direção, mas que se difere por ter uma tendência a refletir em uma única direção.

O funcionamento de um cenário em 3D depende de todos esses aspectos, principalmente os elementos relacionados à iluminação e à visualização das câmeras, pois são fatores fundamentais para transmitir o realismo elaborado no processo de modelagem. Desse modo, o *designer* deve preocupar-se com as texturas e cores que foram aplicadas em objetos e personagens.

Para desenvolver um cenário, depois de modelados todos os objetos, a primeira ação a ser executada é inserir a iluminação. Se, no arquivo, houver simplesmente os objetos modelados, só haverá as formas em três dimensões, e não um cenário, como apresentado Figura 5.16, a seguir.

Figura 5.16 _ **Cenário com objetos modelados e uma fonte de luz**

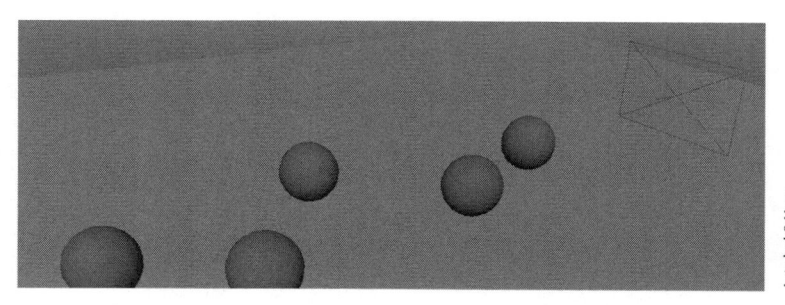

Como é preciso se preocupar com a iluminação do cenário, não basta simplesmente finalizar uma cena por meio da renderização sem antes configurar minuciosamente todas as opções de pontos de luz, detalhando corretamente todos os seus parâmetros.

Figura 5.17 _ **Cenário com objetos modelados e somente com uma fonte de luz configurada**

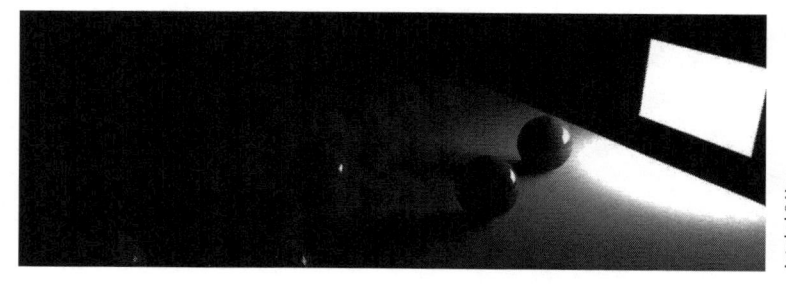

Sem a configuração correta da iluminação do cenário, só é possível visualizar os objetos no ambiente da edição do *software* de modelagem 3D. Por outro lado, quando renderizado, o resultado final é de uma imagem totalmente escura, como foi apresentado na Figura 5.17. Nos *softwares* de modelagem e animação 3D, existem inúmeras possibilidades de configurações de iluminação de um cenário que podem alcançar o mesmo resultado – para exemplificar, apresentamos configurações seguindo como exemplo a utilização do *software* Maya. Uma das opções para trabalhar na iluminação, conforme foi mostrado na figura anteriormente citada, consiste na correção do gama pelo controle de exposição de luz na ferramenta de câmera, que pode ser acessado no ícone que abre a caixa de diálogo *Attribute Editor*, como mostrado na Figura 5.18, a seguir.

Figura 5.18 _ **Ícone do comando *Atribute Editor* (à esquerda) e destaque para *Lens Shader* (à direita)**

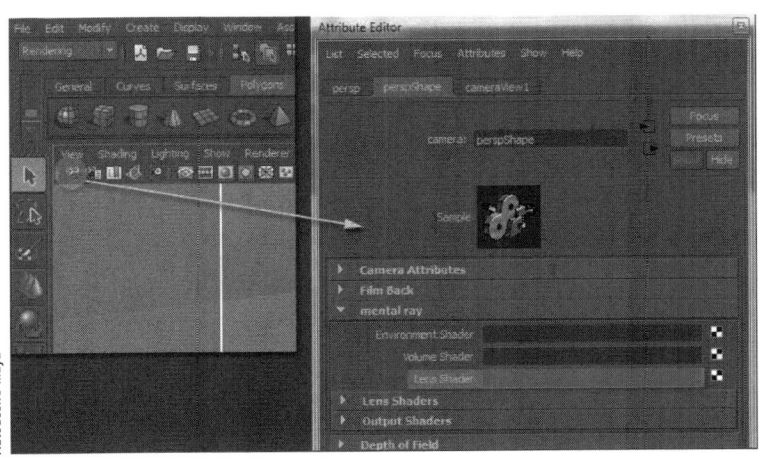

Como destacamos na figura, existem inúmeras possibilidades de alterar os parâmetros. Para isso, basta clicar no ícone ao lado do *Lens Shader* – conforme demonstramos a seguir, outra caixa de diálogo, chamada *Create Render Node*, vai se abrir (Figura 5.19).

Figura 5.19_ **Ícone do *Create Render Node* (à esquerda) e destaque de configuração (à direita)**

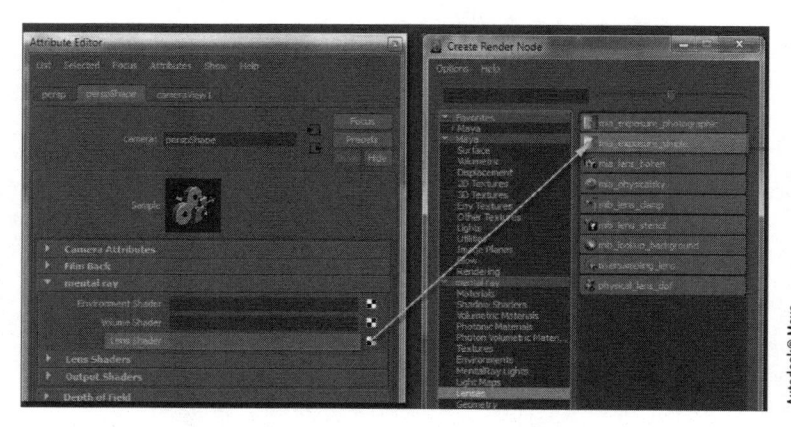

Depois de aberta a caixa de diálogo *Create Render Node*, inúmeras são as possibilidades de configurações. Contudo, é recomendável que iniciantes executem alguns testes. No exemplo, utilizamos a opção "mia_exposure_simple", pois dispõe de configurações mais simples. Caso opte por utilizar a outra opção, denominada "mia_exposure_photographic", saiba que ela conta com configurações mais avançadas que se assemelham aos parâmetros de uma câmera real, controlando a exposição da luz na imagem, com um controle mais preciso para escurecer, clarear e dar contraste.

Configurados minuciosamente todos os detalhes possíveis nos *softwares* de modelagem 3D, é possível chegar a uma iluminação bem realística e ter um controle consideravelmente preciso do gama. No *software* Maya, esse controle é feito pela caixa de diálogo *Create Render Node*, como apresentado na Figura 5.20, a seguir.

Figura 5.20 _ **Caixa de diálogo *Create Render Node* (à esquerda) e destaque de configuração (2)**

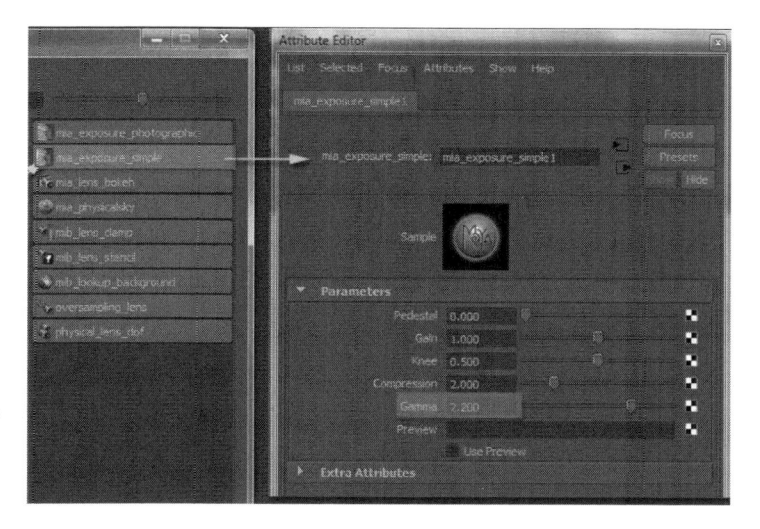

Em *Create Render Node*, depois de selecionar uma opção, é permitido um controle preciso e avançado pela caixa de diálogo *Attibute Editor*, na qual é possível regular de maneira precisa o valor do gama, como foi apresentado na Figura 5.20.

Figura 5.21 _ **Três etapas do desenvolvimento de um projeto de cenário**

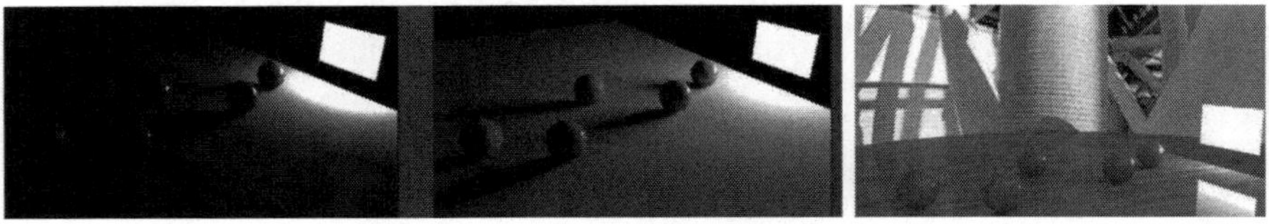

A Figura 5.21 mostra um comparativo das etapas do desenvolvimento de um projeto de um cenário. A primeira imagem (da esquerda para a direita) é simplesmente o cenário com os objetos modelados. A segunda já conta com a primeira correção de gama. A terceira dispõe de todas as configurações de iluminação, aplicação de texturas e destaque para as sombras.

FIQUE ATENTO!

Todos os *softwares* de modelagem e criação de animação 3D dispõem de uma grande quantidade de opções de configurações; aqui foram apresentadas as fundamentais e mais básicas. Logicamente, é necessário, de projeto para projeto, o aprofundamento do conhecimento. A melhor maneira da alcançá-lo é pela prática – comece desenvolvendo cenários mais simples e prossiga com seu aprimoramento.

Para a construção de um cenário, é necessário que todos os elementos constituintes do primeiro plano das cenas de uma animação estejam modelados; nesse contexto, para alcançar um nível de realidade mais elevado, o ideal é que todos os elementos sejam modelados em 3D. Em geral, os componentes do primeiro plano são aqueles com os quais os personagens interagem, estão mais próximos e, por meio deles, a câmera apresenta um ambiente ou focaliza determinado local do cenário.

As imagens de segundo plano, plano de fundo ou *background*, não necessariamente precisam ser modeladas; caso se utilize plano de fundo, é recomendável que também já esteja separada essa imagem. Por exemplo, em uma cena que tenha uma janela aberta no fundo, com uma vista para outros prédios ou uma paisagem, que não esteja tão próxima da cena principal, pode ser inserida uma imagem ou fotografia com uma boa qualidade que represente esse ambiente, caso não haja nenhuma interação no *game* nesse local do cenário. Com todos os objetos e personagens modelados separadamente, no mesmo arquivo ou por categorias, o método de organização pode variar para cada profissional ou pela metodologia adotada em uma produtora de animação 3D.

Quando todos os elementos estiverem prontos, o próximo passo é iniciar a preparação de um cenário. Para exemplificar de modo mais prático, utilizaremos o *software* Maya como referência, mas os conceitos principais podem ser empregados em qualquer *software* de desenvolvimento de modelagem e animação 3D. Na ferramenta escolhida, primeiramente é necessário criar um projeto novo; em seguida, é importante organizar todos os arquivos que vão compor o cenário, verificando se estão separados em vários locais diferentes.

É importante que todos os arquivos externos utilizados em uma modelagem, como a importação de texturas inseridas nas superfícies dos objetos, estejam inseridos em uma pasta, preferencialmente na mesma em que está salvo o arquivo da modelagem, pois, no momento de inseri-los no projeto e na hora da finalização, todos os arquivos serão encontrados (cada elemento desses arquivos é chamado de *ativo*). Essa organização é importante para criar uma definição de montagem que facilite a visualização de cada objeto no momento que é inserido no cenário.

No *software* Maya, para criar uma definição de montagem, primeiramente abra o arquivo modelado; em seguida, acesse o menu *Select Create, Scene Assembly* na sequência e escolha a opção *Create Assembly Definition*, que abrirá uma caixa de diálogo de opções de definição de montagem; por fim, defina as opções desejadas e clique na opção *Create*. Dessa maneira, será adicionado um nó de definição de montagem que facilitará o posicionamento do objeto quando for importado no cenário.

FIQUE ATENTO!

O arquivo de definição de montagem tem a mesma extensão do arquivo do cenário que será montado. Assim, é recomendável salvar esse arquivo e, no final do nome, utilizar *underline* seguido das letras "D" e "M", indicando que é um arquivo de definição de montagem, como o exemplo: _dm. É possível utilizar outros métodos de organização, sempre lembrando que alguns cenários podem dispor de uma grande quantidade de objetos, por isso a organização é indispensável.

Figura 5.22 _ **Cenário com uma grande quantidade de ativos**

Eduardo-Silva/Pixabay

A organização dos ativos para compor um cenário é fundamental. Observe a quantidade de objetos no cenário da Figura 5.22: alguns foram modelados diretamente na cena, outros foram importados, assim como o recurso que adiciona o nó que facilita o deslocamento dos objetos em um cenário, caso seja necessário. No momento da modelagem, é importante utilizar referências para orientação e para precisão.

Dependendo da técnica, existem referências específicas: na modelagem por *Box Modeling*, a referência são os *Blueprints*. Na modelagem *Poly by Poly*, o profissional de modelagem precisa ter conhecimentos técnicos de topologia, em que desenhos técnicos dessa natureza podem servir como referência. Na construção de cenários, as referências também são relevantes – nesse caso, vale lembrar que os trabalhos de modelagem, de desenvolvimento de cenário e de animação 3D são mais técnicos do que artísticos. Dessa maneira, o uso de referências em toda etapa de desenvolvimento se faz necessário, a não ser em casos específicos de criação de projetos totalmente autorais e de cunho experimental.

FIQUE ATENTO!

Para utilizar uma referência no *software* Maya, é necessário realizar o seguinte procedimento: acessar *Select Create* > *Scene Assembly* > *Create Assembly Reference*. Na sequência, abre-se uma janela para definir o arquivo de referência na qual você pode localizar o arquivo que ele servirá como referência para montar o cenário.

O *software* Maya dispõe de vários outros recursos que otimizam a construção de cenários, principalmente para cenários grandes, complexos, com grande quantidade de objetos e elementos.

5.4 Modelagem de objetos inanimados

Para o desenvolvimento da modelagem dos objetos de um *game*, é importante se preocupar com a dramatização de objetos inanimados, pois não existem limites para criação nos jogos – além de desenhos, é possível que os objetos tenham vida e sejam personagens. A modelagem 3D e a animação nesse contexto têm suas referências amplamente fundamentadas no cinema, pois, desde seu princípio, esse tipo de expressão artística procurou retratar muitos mais que simplesmente o movimento de personagens que representam uma figura humana (Nesteriuk, 2001).

Um excelente artista pode conceber uma boa atuação de qualquer personagem e até simular objetos, mas não pode transformar um ser humano fisicamente em um carro, por exemplo, conferindo ao objeto características que se assemelhem a um ser humano, como expressões e sentimentos. Já a animação de um *game* possibilita a personificação de objetos inanimados. "Na animação, é possível dar vida a personagens estilizados e de manifestar, até em objetos inanimados, seus sentimentos e emoções através do uso dos movimentos e torna-los críveis para o espectador, que se conecta com o personagem e sente o que o mesmo expressa" (Thomas; Johnston, 1995, p. 170).

Nesse sentido, no desenvolvimento dos objetos de cena de um *game*, também fazem parte da animação as formas de concepção e *design* que compõem o estudo das estruturas do objeto e da maneira que ele será animado, para tentar, de algum modo, entender as possibilidades de *performance* que esse objeto pode apresentar, sem descaracterizar sua estrutura física. Continuando o exemplo do carro, podemos afirmar que sua estrutura física básica externa é composta de 4 rodas, 2 ou 4 portas, para-choques, carroceria, capô e janelas, ao passo que sua estrutura interna inclui volante, pedais, câmbio e bancos. Essas são as estruturas básicas, mas existem inúmeras variações; se compararmos com o ser humano, a estrutura apresentada seria o esqueleto humano.

Conhecendo essa estrutura, estudando-a e observando-a para conceber a modelagem e a animação de um carro, podemos compará-la com as partes do corpo humano. Por exemplo, as rodas seriam os pés, e o capô, a boca. Quando o capô está aberto, pode haver uma língua, as portas seriam os braços, que podem se abrir. São simplesmente exemplos, mas a maneira de estudar e transformar essa estrutura de maneira harmônica, que não cause uma estranheza, é atribuição do profissional responsável: o desenhista que concebe os objetos de cena. É importante ressaltar que o animador, com todo o seu conhecimento técnico, pode sugerir alterações, melhorias ou sofisticações, conforme as características específicas do *design* de *game*.

Esse processo deve ser estudado e concebido antes mesmo de se iniciar a animação do *game*. Alguns projetos de jogos contam até mesmo com roteiro e *storyboard* para as animações – trata-se da primeira etapa quando o projeto de *design* de *games* tiver objetos de cena ou quando o personagem do *game* for um objeto inanimado.

É evidente que animação para o *design* de *games* tem características do cinema, principalmente no que se refere à utilização dos métodos de filmagem e à tecnologia empregada para capturar os desenhos de modo sequencial. Entretanto, um dos marcos que determina a diferença entre essas duas manifestações é justamente que a animação, na qual é possível incluir os *games*, é uma arte de simular o movimento em objetos inanimados (Duran, 2010). E, a partir daí, a animação anda com as próprias pernas, com seus ideais e seu desenvolvimento técnico.

Na maioria das vezes, o desenvolvimento da dramatização dos objetos de cena nos projetos de filmes de cinema acontece no Departamento de Efeitos Especiais, *Special* Effects ou *Fx Animation Department*. São os animadores que trabalham nessa seção dos estúdios os responsáveis por animar tudo aquilo que não for um personagem; quando um projeto de *game* apresenta essas características, os especialistas da área usam essas referências do cinema e animam de acordo com as técnicas do projeto que está sendo desenvolvido; se necessário, utilizam até efeitos 2D, que podem ser desenhados à mão.

Em seguida, todos os itens necessários são digitalizados ou desenvolvidos diretamente em uma mesa digitalizadora e precisam passar pelo processo de vetorização, para utilizar os recursos de computação gráfica. No caso da utilização das técnicas de animação 3D, são aplicadas as técnicas de movimentação e todas as ações dos objetos, bem como de dramaticidade, todo esse processo cria uma atmosfera da cena que destaca a atuação dos personagens.

IMPORTANTE

Não existem limites na animação: podem-se animar peças, instrumentos, ferramentas, utensílios, produtos, móveis, casas, carros, bicicletas, patins, elementos da natureza como árvores, troncos, porções de água, rios, mares, faixas de areia, o céu, o sol, bem como fenômenos naturais – fogo, chuva, raios, ventos, furacão, neve.

Existem animadores especializados na dramatização de objetos animados. Embora sejam técnicos, esses profissionais são considerados artistas, pois são dedicados a animar movimentos cíclicos e sinuosos, como de fumaça, por exemplo. São profissionais que estudam e observam o formato, a mecânica e o ritmo do movimento de objetos ou fenômenos da natureza.

Ainda em nosso exemplo do carro, para observar melhor, o animador pode filmar um carro se movendo em vários ângulos, com as portas abertas e fechadas. É possível gravar as portas e o capô abrindo e fechando, o carro acelerando, freando, todos os movimentos possíveis de acordo com o projeto de animação. Nesse processo podem surgir ideias para alterações de características do desenho que podem ser sugeridas ao desenhista, isso se o animador não for um profissional especializado em desenho – nesse caso, ele já faz as alterações.

Para dramatizar os objetos inanimados, os profissionais também levam em consideração princípios mais técnicos incidem na criação desses elementos. Os seis fundamentos, relacionados por Duran (2010), são: metamorfose, condensação, sinédoque, representação da fala, fabricação e penetrabilidade, sendo os dois últimos os mais específicos para a animação de objetos. Vejamos cada um deles a seguir.

- **Fabricação**: relaciona-se à produção do ato de animar objetos inanimados em si, conferindo-lhes vida. Trata-se um processo de "reanimação" de objetos materiais, com a intenção de transformá-los em personagens, de modo que possam contar uma história.

> A fabricação está relacionada às técnicas de animação de objetos diversos, em que o recurso a ser animado é dotado de uma materialidade tridimensional. Através da fabricação, portanto, parte-se do "mundo real" para a construção de infinitos mundos particulares e específicos, criando uma espécie de meta-realidade. (Wells, 1998, p. 90)

- **Penetrabilidade**: relaciona-se às significâncias dos objetos quando devem atingir o imaginário, as atividades mentais e as fantasias. É a representação dos fenômenos impossíveis ou a criação deles (Duran, 2010, p. 55).

Esses fundamentos estão presentes na maioria dos projetos de animação, mesmo que o profissional responsável não tenha pensado intencionalmente em aplicá-los. Com a utilização dessas técnicas de dramatização de objetos, a animação se torna mais figurativa, até mesmo "hollywoodiana", pois guarda várias semelhanças com a estrutura dramática tradicional.

Para que a dramatização de objetos inanimados seja mais convincente, a interpretação do movimento deve ser ressaltada. Dessa maneira, o animador deve fazer com que as ações, a movimentação, os gestos, a dinâmica, a energia, a agilidade e a mobilidade dos seres inanimados sejam convincentes e orgânicos, buscando o máximo possível de realismo dos movimentos apresentados.

Esses procedimentos técnico-operacionais e princípios devem ser aplicados independentemente da linguagem da animação do *design* de *game* – desde a tradicional, que utiliza a animação 2D e os recursos de computação gráfica, até a animação 3D, considerada digital. Logicamente, existem particularidades na comparação entre as técnicas de desenho tradicional utilizadas no 2D e no 3D – há etapas diferentes pelas quais uma técnica precisa passar, como no caso da animação 3D, que conta com procedimentos de modelagem e renderização bastante específicos.

IMPORTANTE

Quando o assunto é *animação*, não podemos desconsiderar os exemplos da Walt Disney, companhia composta por grandes estudiosos do assunto, que tem como premissa a necessidade de conhecimento de pessoas, animais e objetos para a criação técnica de uma animação – a maneira como esses elementos se movem no mundo real e como alguns desses itens se moveriam tendo o comportamento humano como referência. A Disney e a Pixar, empresa parceira, apresentam gama enorme de produções, cujos projetos animam figuras que representam objetos inanimados, como nos casos de *Pinóquio* e *Toy Story*.

Há exemplos, dos estúdios anteriormente citados, de animações que dão características humanas a personagens animais, tais como *Bambi*, *Dumbo* e *Procurando Nemo*. A animação *Monstros S.A.*, por sua vez, teve uma concepção imaginária sem referências claras do ser humano ou de objetos. Nesses trabalhos, as referências para a criação dos personagens são desenvolvidas nos modelos habituais da antropomorfia.

O QUE É

Antropomorfia consiste na ação de atribuir características ou aspectos humanos a animais, deuses, elementos da natureza e constituintes da realidade em geral. Vários *designers* de *games* utilizam esse conceito para transmitir maior realidade nos movimentos dos personagens (Santiago, 2021).

No momento da animação, tudo deve ser levado em consideração, principalmente no caso de objetos inanimados, que, já no primeiro contato, podem causar estranheza nos jogadores do *game*. Em razão de esses personagens não fazerem parte do mundo real, eles se relacionam com dois planos – o real e o imaginário, confrontando-se de uma maneira que pode ser irônica. Quanto ao comportamento dos personagens, com a própria organização do mundo imaginário, muitas das vezes é criada uma semelhança com a dos humanos. Um exemplo prático são os bonecos do filme *Toy Story*, que têm comportamento humano, chegando a se reunirem em assembleia para discutirem problemas.

No caso do filme *Procurando Nemo*, o personagem é um peixe que deseja ir à escola, ainda que peixes não falam isso no mundo real. No filme *Monstros S.A.*, o personagem Sulley é um monstro que tem uma rotina normal de um ser humano. No filme *Pinóquio*, mais representativo nesse caso, o boneco se torna um menino, ou seja, literalmente ganha vida. Essas diferenciações, que parecem ser simples, são o resultado do que os animadores precisam levar em consideração: a opção dramática referente ao tratamento dos temas que pode ser aplicada à modelagem 3D para o *design* de *games*.

SÍNTESE

Neste capítulo, tratamos com mais profundidade da técnica de modelagem *Poly by Poly*, levando em conta que se trata de um recurso de trabalho mais avançado na área das animações 3D. Elencando recursos do *software* Maya como o *Quad Draw*, mostramos seus princípios e modos de utilização.

Na sequência, elencamos as possibilidades dos *Blueprints*, referências de imagens necessárias à modelagem 3D. Demonstramos como esse trabalho é importante para que as animações sejam convincentes, fundamentadas em dados da realidade que façam com que o *game* possibilite a imersão do jogador.

Por fim, tratamos do conceito fundamental dos cenários. Explicamos como a ambientação dos personagens é fundamental para que o jogo ofereça uma experiência enriquecedora. Nessa parte do capítulo, analisamos elementos básicos da construção de cenário, desde seus objetos até sua iluminação. Para finalizar, defendemos a importância de o profissional de modelagem 3D tenha sempre em mãos referências de pessoas, animais, objetos, movimentos, fenômenos da natureza, para criar uma experiência imersiva na construção do cenário do *game*.

Rawpixel.com/Shutterstock

CAPÍTULO 6

TEXTURIZAÇÃO E PREPARAÇÃO PARA ANIMAÇÃO

Além de representarem o material real de uma modelagem 3D, as texturas, quando bem produzidas e planejadas, fazem com que o trabalho prescinda de um número elevado de polígonos para conferir aos objetos, às personagens e aos cenários a sensação de tridimensionalidade. Quando bem equilibrados, o desenho da base da modelagem e da textura fazem com que a sensação de realidade seja mais convincente; além disso, nesse contexto, a execução do jogo não necessita de alta capacidade de processamento, evitando a sobrecarga da memória do dispositivo que está processando o *game*. O uso correto de texturas ajuda a otimizar a animação de jogos, principalmente os que são destinados a dispositivos móveis, como *smartphones*.

A textura possibilita ganhos enormes na otimização da modelagem. Pequenos detalhes, como baixos relevos, dobras de roupas, entre outros, são muito bem representados quando aplicados em uma base de desenho planos, sem a necessidade de produzir uma modelagem mais complexa, com um grande número de polígonos. Para a obtenção de bons resultados, é preciso um planejamento de texturas com a integração dos detalhes da iluminação virtual, como todos os reflexos, a fim de que a modelagem em 3D respeite a intensidade e a direção geral da luz.

No momento do teste da aplicação de uma textura, quando é possível visualizar todos os efeitos de iluminação e câmera, a animação do *game* pode ter uma aparência chapada. Isso acontece quando o objeto com textura contém erros na direção da iluminação, o que acaba destruindo todo o efeito 3D, pois o brilho e as sombras, sem nenhuma aplicação de iluminação, são representados simplesmente por texturas estáticas, que não obedecem às mudanças de iluminação de acordo com o movimento do personagem do *game*.

Na manipulação de imagens digitais a partir de *softwares* específicos, como o Adobe Photoshop, os profissionais da área utilizam imagens, fotografias ou até pinturas digitais estilizadas para servir como base para os desenhos em 3D. São usados até mesmo mapas bidimensionais, aos quais são incluídos texturas para os diversos componentes – cenários, objetos, imagens etc. Também é possível utilizar detalhes de objetos fotografados, bem como de itens produzidos e modelados em 3D com uma ótima definição, para obter texturas pré-iluminadas sofisticadas em detalhes de relevo e utilizá-las em objetos ou personagens nos jogos 3D com sua animação.

Desse modo, a modelagem baseada na criação de número reduzido de polígonos é bem-vinda, pois otimiza significativamente o processamento, podendo representar ambientes e objetos com iluminação detalhada em dispositivos que não dispõem de capacidade de memória para processamento de iluminação mais sofisticada. Um exemplo prático é do jogo *Super Mini Racing*, no qual esse método foi aplicado para passar a sensação de efeitos de iluminação mais elaborados do que era permitido nos dispositivos gráficos disponíveis na época. Um benefício adicional da utilização correta das texturas é a suavização de linhas retas, principalmente quando a modelagem é executada com uma pequena quantidade de polígonos.

6.1 Texturização

Para aplicação correta de determinadas texturas em um modelo 3D, é necessário elaborar um mapeamento de textura, também conhecido como *texturização*. Esse procedimento é feito em forma plana e, em seguida, aplicado no formato tridimensional. Também conhecido como *mapeamento UV*, trata-se de um método que possibilita a projeção de uma imagem – no caso, texturas em 2D, nas faces de modelos em 3D, como apresentado na próxima figura.

Figura 6.1_**Imagem planificada (à esquerda) e aplicada em objeto 3D (à direita)**

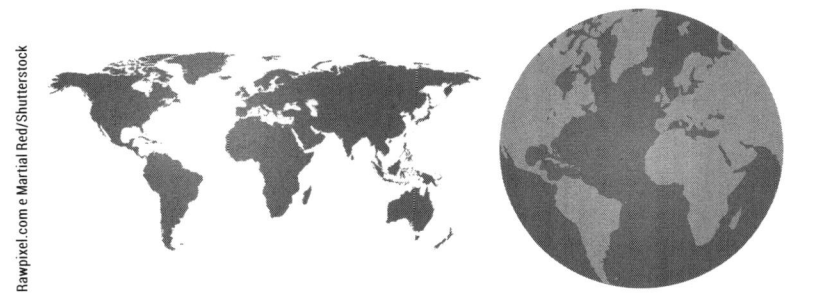

O método de mapeamento UV utiliza o mesmo conceito das coordenadas X, Y e Z; as letras "U" e "V", por sua vez, correspondem às últimas letras do alfabeto (**UV**XYZ, excluindo-se o W, bem como os eixos de um espaço tridimensional).

IMPORTANTE

Em geral, o mapa UV é criado automaticamente nos *softwares* de modelagem. No entanto, também pode ser desenvolvido manualmente pelo profissional *designer*; além disso, é possível editar um mapa gerado de modo automático.

Para gerar um mapa UV, é necessário pelo menos um desdobramento da malha, a criação da textura ou um arquivo de textura pronta. Normalmente, as texturas são repetidas várias vezes, o que requer cuidado, principalmente no início e no término do processo, de modo a garantir a harmonia visual, sem falhas ou emendas. Nas texturas, também podem ser aplicadas configurações avançadas, tornando-as muito mais realísticas, conforme apresentado na próxima Figura 6.2.

Figura 6.2 _ **Exemplo de aplicação de textura na figura geométrica de uma esfera**

As texturas podem ser desenvolvidas pelo próprio profissional da modelagem, que pode criar imagens com base em *softwares* específicos de edição de *bitmaps*, imagens por meio de *pixels* ou pela pesquisa em diversas plataformas e *sites* que dispõem de milhares de arquivos para *download*.

O QUE É

O *pixel* é o menor elemento que pode ser visualizado em dispcsitivos digitais, como televisões, telas de computadores, *smartphones*, *tablets* etc. O conjunto de *pixels* forma uma imagem que é editada em *softwares* de edição de imagem em *bitmap*, como o Adobe Photoshop (Doeffinger, 2005).

Além das características inerentes às texturas, inúmeras outras possibilidades de personalização podem ser feitas. Por esse motivo que a cada dia existem animações em três dimensões praticamente idênticas com a realidade.

Depois de criar uma textura, é possível conferir características próprias ao item. Existem vários tipos de mapas, entre quais apresentaremos alguns exemplos que podem ser configurados no *software* Maya. Vale lembrar que os principais *softwares* de modelagem 3D contam com recursos similares. Vejamos alguns deles a seguir.

- **Mapa de cores**: quando aplicado em uma textura com atributo de cor, permite um controle mais preciso das cores de um objeto.
- **Mapa de transparência**: insere uma textura com variações nas partes do objeto – nesse caso, uma parte pode ficar relativamente transparente, totalmente opaca ou totalmente transparente. Com conhecimentos avançados, o *designer* pode inserir uma transparência gradual.

- **Mapa especular**: recurso de mapeamento que adiciona brilho que pode aparecer nos objetos (controlando o destaque).
- **Mapa de reflexão**: possibilita a configuração do que será refletido em torno do objeto no qual será aplicada a textura.
- **Mapa de relevo**: cria uma sensação de profundidade como uma extrusão positiva, só que de modo mais sutil. É indicado, portanto, para aplicação em tapetes.
- **Mapa de deslocamento**: permite adicionar o tamanho real a uma superfície, no momento da renderização, apesar de não ter muita utilização em modelagens para animação.

A abertura de malhas é o processo contrário ao apresentado até aqui, pois consiste no método de tornar um objeto 3D em 2D, ou seja, de planificar um objeto tridimensional.

Para executar o procedimento de abertura de malhas no *software* Maya, primeiramente é necessário selecionar a parte que será planificada no objeto ou no personagem e, em seguida, pressionar o botão direito do *mouse*, escolher a opção *Object Mode* e abrir editor de UVs – esse procedimento dará origem a um mapa de UVs. Em seguida, é necessário clicar na opção *UV* e em *Planar*; é importante lembrar que, por se tratar de uma imagem 3D, é necessário identificar o eixo que se deseja planificar. Desse modo, para planificar a imagem de frente conforme mostrado na Figura 6.3, é necessário utilizar o eixo Z. Caso tenham sido desenvolvidos procedimentos ou configurações desnecessários, o *software* Maya dispõe da opção de resetar por meio do menu *Edit*, opção *Reset*.

6.2 Etapas que antecedem a preparação de animação

Como qualquer trabalho criativo, a modelagem e a texturização de animações 3D pressupõem etapas específicas. Vejamos cada uma delas na sequência.

6.2.1 *Briefing*

Antes de iniciar quaisquer projetos relacionados ao *design*, é importante a disposição do *briefing*, documento que contém informações sobre público-alvo, mercado, objetivos, posicionamento, concorrência, conceitos etc. para definir o caminho a ser trilhado.

O QUE É

O *briefing* é utilizado para diagnosticar todas as informações técnicas relacionadas ao projeto propriamente dito. Quando esse documento é bem elaborado, é possível seguir instruções para orientar o processo de criação de vários trabalhos, como o *design* de *games*, especificamente para a modelagem e texturização. Como curiosidade, durante a Segunda Guerra Mundial, os militares realizavam reuniões de estratégia momentos antes dos ataques para não correr o risco de as informações vazarem para o lado inimigo; essas reuniões recebiam o nome de *briefing*.

Quanto mais for detalhado o conteúdo de um *briefing*, maiores são as chances de se chegar ao resultado esperado. O *briefing*, segundo Corrêa (2004), é um documento que reúne o conjunto de dados cujo objetivo é orientar a elaboração de trabalhos de propaganda, promoção de vendas, relações públicas, criação de produtos audiovisuais, *design* de *games* etc. Antes de iniciar o desenvolvimento de um projeto, o *briefing* deve ser discutido por toda a equipe de trabalho. Desse modo, a elaboração desse documento deve ser a primeira ação a ser tomada para a concepção de qualquer iniciativa, sempre amparada pelas informações prestadas por outras áreas, como o Departamento de *Marketing*.

Além do *briefing*, antes de se iniciar as etapas para preparação de uma modelagem para animação, é importante elaborar uma pesquisa referencial para, por exemplo, facilitar o processo de concepção de um personagem, definindo seus aspectos físicos e sua personalidade. Um personagem pode ser musculoso ou esbelto, andar com uma postura sempre ereta, caminhando alternado os braços, ou ser mais despojado, como no caso do personagem Tarzan. Tais características determinam como o personagem deve ser animado.

IMPORTANTE

A animação *Tarzan* (Disney, 1999) teve a supervisão de Glen Keane, encarregado de fazer com que os animadores realizassem exercícios que explorassem as características que o Tarzan precisava ter. O resultado foi uma pesquisa sobre sua forma engraçada de se coçar, cheirar objetos e se locomover pelos troncos de árvores. Os projetos de filmes e de audiovisuais, em geral, são grandes referências para a modelagem e a texturização de animação em *design* de *games*.

6.2.2 Pesquisa referencial e conhecimento de fundamentos da animação

Por meio da pesquisa referencial, é possível alinhar o estilo do desenho do personagem e suas características, de modo a evidenciar os aspectos gestuais do personagem. Esse processo também tem a função de estruturar o personagem de modo que ele possa ser construído por meio de formas básicas, com vistas a que todos os animadores envolvidos possam seguir e manter o mesmo padrão.

Todas as informações técnicas, as características gestuais e as demais informações relevantes são incluídas no pacote de folhas-modelo da padronização do guia visual da pré-produção, contendo também as folhas de construção do personagem – o *model sheet*. O função dessa documentação é de sanar quaisquer dúvidas que possam aparecer, além de permitir a geração de um desenho esquemático dos personagens. Com essa criação, é possível visualizar o personagem em todas as vistas – de cima, de baixo, de todos os lados, em 360 graus. Os *softwares* de computação gráfica 3D dispõem de recursos de câmeras que permitem visualizar diretamente na tela do computador. Em alguns casos, no momento em que o animador recebe esses materiais, que incluem os *model sheets* (folhas de modelo), a pesquisa referencial inclui até a escultura física tridimensional ou o esquema esquelético em 3D, que consiste na primeira etapa do processo de animação.

Após a pesquisa referencial, as etapas para a preparação de animação pressupõem o conhecimento dos conceitos de animação. A animação não se relaciona somente a desenhos animados e *design* de *games* – ela pode ser vista na internet, em peças publicitárias, em materiais educativos e no meio corporativo. Também está presente em salas de aula, funcionando como um facilitador da comunicação em razão do apelo da informação visual (Jones, 2006), levando em consideração que o olho humano é o elo de abertura para outros. Existem estudos que fundamentam a receptividade do conteúdo por meio da animação. O artigo "Multimedia Projection: An exploratory Study of Student Perceptions Regarding Interest, Organization, and Clarity", publicado em 1997 por Yaverbaum, Kulkarni e Wood, mostra um estudo no qual foi constado que os estudantes se fixam e são atraídos quando a informação é transmitida com animação, voz e música integrados com textos, tabelas e gráficos. Ausekle e Šteinberga (2011, p. 5) complementam esse estudo:

> A animação pode ser um instrumento bem-sucedido em qualquer segmento para o professor, desenvolve alfabetização visual, alfabetização linguística e alfabetização musical; ela ajuda a apoiar as crianças em suas competências na interpretação literal do texto com imagens visuais e som. As crianças podem encontrar o uso de recursos visuais e de áudio para compartilhar informação, conhecimento e ideias não só na lição, mas também em sua própria vida diária, é a possibilidade de expressar e melhorar seus próprios conhecimentos e habilidades no processo de aprendizagem.

As informações transmitidas por desenhos ou imagens em sequência têm a capacidade de fazer com que as pessoas compreendam e fixem o conteúdo com maior facilidade quando em comparação com uma aula simplesmente expositiva. Nesse sentido, a animação conduz a informações espaciais e temporais que dificilmente podem ser transmitidas sem nenhum outro estímulo. Quando ampliamos as áreas nas quais a animação pode atuar, é fácil de constatar que elas são inúmeras e bem ajustáveis para diversas situações, pois esse recurso não se limita a exibir a realidade. Ele permite mostrar para as pessoas mundos inimagináveis, o que facilita sua utilização quando se trata da exposição de assuntos complexos.

IMPORTANTE

Nos anos 1930, o estúdio Walt Disney Productions foi responsável pela elaboração de procedimentos e princípios da animação ao desenvolver técnicas de registro do movimento e sua ligação com espaço/tempo. Esses princípios se tornaram os fundamentos da animação, a sua linguagem (Thomaz; Johnston, 1995). Tais fatos característicos da animação serviram de inspiração para as produções cinematográficas e, de maneira mais específica, para a linguagem da animação de modo geral, na qual também são aplicados os conceitos no *design* de *games*.

A interação entre a narrativa, o realismo, a estética e a criatividade possibilitam que os filmes sejam destinados a múltiplas aplicações. As animações, por sua vez, podem ser utilizadas em assuntos fundamentais, como na área da saúde ou no meio acadêmico. Esse é o tema do estudo de Bartlett (2012): o estudioso constata que as animações são empregadas para entreter as pessoas que assistem a elas e enfatizar os pontos importantes do conteúdo.

O caráter caricato da animação permite que o assunto seja tratado com maior incidência de significados e representações. Por isso a amplitude da utilização de animações na área acadêmica e médica, pois os projetos que usam animações podem discutir temas sensíveis e complexos de uma maneira mais leve, tornando a informação teórica e séria um pouco mais acessível. (Bartlett, 2012, citado por Campos, 2007, p. 92)

No cinema, a animação teve ampla divulgação com grandes empresas como a pioneira Disney, que comprou a empresa Pixar, tornando-se uma indústria de animação. Thomaz e Johnston (1995) enfatizam que a animação é a união de processos de métodos de representações visuais de tempo e espaço, que estão juntos para instigar sensações.

IMPORTANTE

A função da animação é transmitir emoções e sentimentos por meio de diferentes recursos artísticos – visuais, sonoros ou sinestésicos. É uma linguagem democrática, universal, que tem a capacidade de ser compreendida por diferentes culturas e públicos e, na maioria das vezes, está ligada ao humor e ao entretenimento.

Convém destacar que os fundamentos da animação não são tão recentes. Na história da humanidade, desde os primeiros traços de desenhos nas paredes das cavernas, mostrando animais com oito patas para passar a sensação de movimento, já é possível constatar a ideia de animação.

Barbosa Júnior (2005) e Thomaz e Johnston (1995) admitem o começo das representações animadas nas referências de desenhos pré-históricos, fazendo perpetuar a história da arte primitiva. O ser humano, estimulado também pela vontade de reprodução mimética, representou, à sua maneira, como vivia na época, seus hábitos, a si mesmo, a natureza e os animais, compondo os acontecimentos no espaço/tempo, o que mostra que, desde o início da humanidade, os indivíduos têm a vontade de se expressar em imagens que passam a sensação de movimento.

> Após a Segunda Guerra Mundial com o desenvolvimento da indústria e a popularização dos aparelhos tecnológicos, como computadores, televisores e rádios, por exemplo, a animação passa por uma decaída e por um processo de reestruturação. Posteriormente, com a retomada dos conhecimentos clássicos e sua adaptação para os novos recursos, a animação se consolida como uma forma de entretenimento de massa, popularizando-se. (Williams, 2009, citado por Campos, 2007, p. 62)

Entrementes, depois dos homens das cavernas, que faziam essas representações, com o aprimoramento das técnicas de pinturas, artistas também pintavam vários quadros que, se colocados de maneira linear, contam uma sequência de uma história. O fascínio por querer mostrar a história foi um fator motivacional para o homem na evolução e no aprimoramento das tecnologias destinadas à representação de imagens, trajetória na qual se incluem os *softwares* que produzem animação que conhecemos hoje. Para alcançar o objetivo de passar a mensagem por meio de um movimento que seja convincente, é preciso estudar os fundamentos da animação e ser capaz de utilizá-los e aplicá-los de maneira correta. Tais fundamentos tiveram origem em pesquisas que possibilitaram a criação de conceitos que influenciam o movimento e sua comunicação com o telespectador.

6.2.3 Roteiro e sinopse

Nos grandes projetos de *design* de *games*, são utilizadas muitas referências dos produtos audiovisuais que fazem parte da etapa que antecede a preparação da animação, sendo uma delas o roteiro. Vale lembrar que, de certa maneira, um *game* conta uma história. Desse modo, nas diversas áreas que exigem processo criativo – mesmo que o produto final seja a concepção de uma imagem estática, como um desenho de ilustração, imagem em movimento, como animação, melodia de uma música ou outros produtos audiovisuais –, o projeto, a ser desenvolvido por várias pessoas, demanda que a ideia seja passada para o papel, não como esboço, mas com riqueza de detalhes – o roteiro, isto é, a forma escrita de um projeto audiovisual (Campos, 2007). É nele que encontraremos a descrição da história, dos cenários, dos personagens, dos diálogos, entre outros elementos.

Os grandes projetos de *games* dispõem de documentação que facilita o entendimento do jogo. Se necessário, encaminham-se esses relatórios para as empresas que vão investir no projeto, sendo um deles a sinopse, que pode ser considerada uma síntese de um projeto de *game*.

Um dos objetivos principais de uma sinopse é que o receptor compreenda os principais pontos do texto original. No *design* de *games*, ela pode ser utilizada pelo time de desenvolvimento de modelagem e animação, por exemplo, para que tenham informações sobre o projeto que será desenvolvido. Esse texto pode ser apresentado para os investidores interessados em determinado projeto, pois terão mais dados para fundamentar os recursos monetários que serão dispostos ou avaliar se o projeto de *design* de *game* tem o perfil da empresa que está investindo.

IMPORTANTE

De maneira geral, a sinopse tem a função de despertar o interesse das pessoas que o leem, como um chamariz, não devendo ser confundida com um simples resumo. *Grosso modo*, essa produção normalmente é elaborada pelo próprio autor da obra ou texto ou pelo idealizador do *game*. O resumo, por sua vez, pode ser elaborado por quaisquer pessoas que tenham conhecimentos específicos de criação desse tipo de texto e que tenham tido acesso à íntegra da obra. Apresenta as seguintes características: título, nome do autor da obra, tipo do texto e ideia principal do texto original.

Além do resumo, a sinopse também pode ser confundida com a resenha. Isso é incorreto, pois a primeira não é composta pela opinião e interpretação da pessoa que desenvolve o texto, sendo constituída exclusivamente pela opinião do autor original. Sendo assim, é muito comum que a sinopse seja parafraseada, visto que reproduz a opinião e a interpretação do autor ou idealizador. No *design* de *games* e no contexto cinematográfico, o resumo do argumento do filme reúne os principais aspectos do enredo, mas de maneira alguma utiliza as referências, pois isso é feito na sinopse.

Esse texto, por meio da apresentação do contexto, deve situar a pessoa que está lendo, mostrando a época na qual a história ou o *game* se passa, mesmo se for um mundo fictício e imaginário. O detalhamento do personagem principal do jogo também é relevante, pois os autores e o autor da ideia do jogo dispõem de grande parte de seu tempo na construção do personagem ideal, que dará o ritmo para toda a história da produção. Afinal, todo o enredo desenvolve-se ao redor dele, apresentando os conflitos de maneira clara. Para isso, é imprescindível que seja respondida a seguinte questão: Qual será o problema que o personagem principal necessita resolver no *game*? A pessoa que lê a sinopse – o potencial jogador – precisa ser envolvida pelos conflitos da história, pelos obstáculos, pelas dificuldades, pelos inimigos etc.

O texto da sinopse deve ser suscinto; não é preciso que a história já seja integralmente entregue para a pessoa que está lendo, orientando o que o leitor, isto é, o potencial jogador, deve ou não sentir. Pelo fato de ser uma descrição sintética da ideia do *game*, é importante que fique evidente o que será apresentado no jogo, mas não é necessário detalhar a produção do *game*, focando em partes fundamentais e interessantes da história da produção. É recomendado que seja apresentado todo o potencial da história de maneira convincente, principalmente no momento de apresentação do *game* para os investidores ou patrocinadores do projeto.

IMPORTANTE

As sinopses devem ser escritas de acordo com o público-alvo. Para os profissionais responsáveis pelo *game*, esses textos devem ter perfil mais técnico, com vistas a mostrar, por exemplo, a viabilidade para a criação do *game*. Dependendo do objetivo, não é preciso apresentar a história de modo muito detalhado: basta provocar a curiosidade, caso a sinopse seja destinada o público final, ou seja, os jogadores. No caso de uma sinopse destinada para um edital, é recomendado que a história seja clara. Assim, existem pelo menos dois tipos de sinopses, a saber: (1) uma relacionada ao projeto do *game*, com perfil mais técnico; (2) uma destinada ao jogador ou grande público, com o objetivo de instigar sua curiosidade para jogar o *game*.

6.2.4 *Storytelling*

O *storytelling* é aplicado quando se deseja explorar os aspectos emocionais de uma história. Em produtos como *games*, a história contada pode ser muito instigante; de certa forma, pode ser considerada uma informação. Várias áreas se utilizam do conceito de *storytelling*. Por exemplo, o *marketing* usa esse recurso como apoio à estratégia de *branding*, com o objetivo de criar conexões entre a empresa e o público-alvo, engajando-o em experiências propostas pelas empresas. Na prática, os profissionais das áreas criativas estão habituados a elaborar narrativas com objetivo de atrair emocionalmente o público-alvo, o telespectador ou o jogador.

O *storytelling* embasa-se no pressuposto de que faz parte do cotidiano das pessoas se comunicar por meio de metáforas, não por recursos técnicos. Uma boa história prende a atenção – sabemos que um dos maiores prazeres dos netos é ouvir as histórias de seus avós! Assim, o *storytelling* é importante, pois facilita a compreensão de informações complexas e a maneira de explicar as experiências vivenciadas no dia a dia.

FIQUE ATENTO!

O termo *storytelling* é originado da junção das palavras inglesas *story*, que significa "história", e *telling*, que significa "contar". Entretanto, não é qualquer narrativa que pode ser inserida na arte de contar histórias, pois estas se utilizam de técnicas que escritores e roteiristas aplicam para transmitir uma mensagem para atrair os leitores, espectadores ou jogadores. Na prática, podemos observar que, normalmente, as pessoas lembram-se das histórias dos livros que já leram, dos filmes a que assistiram ou de um *game* inesquecível. Da mesma maneira, o *storytelling* deve gerar memórias, sejam elas informacionais, imagéticas ou afetivas.

Um *game* pode ter origem em uma ideia considerada brilhante; no entanto, se o roteirista não conseguir colocá-la no papel e o diretor de arte ou o *designer* de *game* não souber como transmitir a história da melhor maneira possível, não irá adiantar nada. A direção de arte de um *game* é facilitada pelo *storytelling*, pois se trata do processo de gerenciar o trabalho de arte desde a sua concepção em suas diferentes áreas: no *design* gráfico, que inclui o *design* editorial; no *design* digital, para produtos de audiovisual e *design* de *games*. Na prática, a direção de arte é o processo responsável por manter o andamento coeso do projeto, tendo como base o *storytelling*.

6.2.5 Argumento

No *design* de *games*, o argumento é considerado um documento de trabalho do roteirista do jogo, no qual ele pode vender sua ideia para os produtores e investidores. Esse texto não conta com tantas regras como no caso de um roteiro. Alguns profissionais o desenvolvem logo depois da sinopse; outros o consideram como primeiro passo no processo de escrita, deixando a sinopse para depois da finalização do argumento. Ambas as maneiras são válidas – quando desenvolvido antes da sinopse, o processo de escrita do argumento pode fazer com que a ideia se torne mais concreta. Quando elaborado na sequência, o argumento limita a criatividade, pois segue as informações contidas na sinopse.

No argumento, é preciso desenvolver todo o enredo, bem como estruturar e escolher as informações que deverão ser entregues ao leitor do documento. Trata-se de um texto de alto nível de detalhamento e dramaticidade quando em comparação à sinopse.

É importante que, ao ler o argumento, a pessoa se emocione e perceba as reviravoltas da história do *game* descritas no roteiro; além disso, é pertinente que o argumento tenha um texto fluido, engajador, agradável, isto é, que não seja burocrático; sobretudo, o argumento deve mostrar qual é o tom do roteiro do *game*, atraindo, persuadindo e instigando os leitores ou jogadores.

É indicado que o texto seja escrito no tempo verbal presente e no gênero prosa. Deve apresentar os personagens e as situações por eles enfrentadas em uma linha cronológica e ser semelhante a um conto, evitando passar informações que não serão apresentadas no roteiro do *game* . Para estudantes e profissionais iniciantes, o desenvolvimento dos primeiros roteiros de *game* podem ser difícil, principalmente no que diz respeito à compreensão do motivo de existirem várias etapas para esses trabalho – nesse caso, é importante enfatizar que elas existem para que o roteirista de *game* elabore um roteiro aprofundado e explicativo.

6.3 Preparação para a animação

A preparação da animação, da modelagem e da texturização para o design de *games* abrange inúmeras decisões que antecedem o desenvolvimento do projeto propriamente dito, até mesmo no momento da fase conceitual para que o trabalho seja aprovado para a fase de desenvolvimento. Em alguns casos, é importante que uma equipe de suporte seja constituída para envolver todo o estúdio, viabilizar a produção e articular a fase do desenvolvimento.

Nos grandes projetos, a etapa criativa da modelagem e texturização de *design* de *game* se inicia pela equipe responsável pela produção, que inclui artistas da concepção visual, diretores de artes ou *design* de *games*, produtores e roteiristas, bem como os equipamentos e recursos necessários para o desenvolvimento da modelagem e animação 3D, como os *softwares* que serão utilizados. Em grandes produções, as áreas envolvidas nessa etapa do projeto geralmente participam de palestras que envolvem o tema do *game*, da modelagem, da texturização e da animação que será produzida. Trata-se de um estágio de exercício das ideias para conceber uma história.

Em casos específicos, os animadores recebem qualificação de instrutores para entenderem melhor o projeto. Por exemplo, no projeto do filme *Spirit, o corcel indomável* (*Spirit, the Stallion of the Cimarron*, Dreamworks, 2011), a produtora contratou, na etapa de pré-produção, especialistas em anatomia de cavalos para explicar como os animadores deveriam fazer os movimentos, de modo que a animação fosse a mais similar possível a cavalos reais. Essas informações serviram como base para a programação da modelagem, da texturização e da animação dos *softwares* de desenvolvimento de animação digital.

O processo de pré-produção demanda pesquisas e tomadas de decisão referente a *softwares* específicos para viabilizar o projeto, pois a tecnologia deve ser usada a favor dos resultados que as áreas artística e criativa querem transmitir no projeto final do *design* de *game*. A linguagem da animação, por sua vez, essencial nessa dinâmica, é definida pelos artistas conceituais e tem objetivo de direcionar os estilos que o projeto apresentará, utilizando as referências do roteiro do *game*. Desse modo, toda a animação adquire uniformidade no maneira como a história será contada, facilitando seu entendimento. Nesse estágio do processo de animação, são planejadas as locações da história — no caso de animação, como será desenvolvido o cenário. Sem esse direcionamento estabelecido, o projeto pode desenvolver combinações muito contrastantes em termos de linguagem (p. ex.: combinar desenhos de caricaturas com cenários extremamente realísticos).

IMPORTANTE

É nesse momento que é verificada a necessidade de contratação de desenhistas especializados em linguagens específicas. Essa escolha deve ser de feita de acordo com o que se quer passar na história, conforme o gênero da animação do *game*, que pode ser épico, cômico, dramático etc.

Com as informações da etapa conceitual do projeto de criação da animação, o próximo passo é o desenvolvimento do roteiro: a história é elaborada com base no esboço de cada cena, procedimento no qual é determinado o conceito principal dos personagens, suas ações, seu perfil e o enfoque do *game*. No roteiro, é determinado como será o andamento da história do jogo e seu final, informações importantes para a próxima etapa, que é a produção dos primeiros *storyboards* da modelagem e da animação.

Com os primeiros esboços dos *storyboards* prontos, o roteiro passa a ser mais técnico e minucioso. Nesse estágio, o roteirista tem o poder de solicitar ao desenhista desse esquema o detalhamento ou o melhoramento de partes que não foram bem desenvolvidas, caso julgue necessário. Assim, o roteiro e o *storyboard* dão suporte um ao outro, estabelecendo harmonia entre imagem e texto, com objetivo de desenvolver uma modelagem e uma animação que atendam aos desafios do *game*.

IMPORTANTE

Ainda que esteja aprovado para seu desenvolvimento, o roteiro ainda não está encerrado, podendo sofrer alterações na próxima etapa, denominada *pré-produção*, importante para a etapa criativa, pois pressupõe o desenvolvimento da ideia visual de cenários, objetos e personagens para iniciar a produção propriamente dita da modelagem, da texturização e da animação do *game*. É nessa etapa do processo de modelagem e animação que o produtor, com base nas definições da tecnologia e dos estilos que serão incorporados ao projeto, estabelece todas as entregas, desde as realizadas pelo departamento administrativo até as efetuadas pelo criativo, estabelecendo metas para a finalização de cada etapa. Para facilitar esse processo, cada animador recebe a parte do trabalho que lhe cabe e datas de entrega específicas são determinadas (a cada semana, por exemplo).

As semanas iniciais, em geral, são destinadas à adaptação dos animadores à linguagem visual do *game*, às exigências do projeto, à concepção dos personagens, de modo a cumprir as datas estabelecidas para as respectivas partes do projeto.

A etapa seguinte – de direção de arte e estilo visual – tem o objetivo de expressar da melhor maneira como a história e os personagens deverão ser retratados; nesse contexto, aspectos acentuadamente técnicos são definidos, tais como as gamas de cores que serão aplicadas na animação – as *key colors* (cores-chaves) – para cada variação de cena (dia ensolarado, nublado, ou noite estrelada); por meio dessas paletas de cores, formam-se referências dos estilos de cor a serem aplicadas também nos personagens.

Conforme a iluminação da cena do *game*, as cores devem ser diferentes, por exemplo, em um dia chuva, em um dia nublado, na noite ou no dia, para que as colorações das paisagens das cenas externas e das cenas internas sejam definidas, sempre com base no aval do diretor de arte ou *designer* de *game*.

Com essas informações elencadas e determinadas, é definida uma orientação visual, conhecida como *visual style guide* (em português, "guia de estilo visual"). A função principal desse guia é orientar todas as etapas do desenvolvimento da animação, com base em vários modelos de desenhos feitas em folhas de papel, conhecidas como *model sheets*, para unificar os estilos dos principais personagens, dos cenários e dos objetos.

As *model sheets*, na maioria das vezes, são compostas por reproduções do personagem vistas de vários ângulos – frontal, três quartos, perfil e vista de costas. Se necessário, compara-se o tamanho e as poses com informações mais minuciosas da concepção de seu estilo e de sua forma. Convém destacar que esse recurso não é aplicado apenas para os personagens – ele também é usado na concepção de acessórios ou objetos utilizados pelo atores do *game* (veículos, móveis, armas etc.). Para tornar o modelo mais detalhado, outras *model sheets* são necessárias a fim de facilitar o entendimento do comportamento do personagem nas diferentes situações do game (as expressões de rosto, que enfatizam e mostram traços do estado emocional e a personalidade do personagem; a sequência de movimentos; com o objetivo de mostrar as características do movimento no *game*).

O profissional responsável pelo estilo visual dos cenários – desenhista de produção –, também se utiliza de *model sheets* para elaborar uma planta técnica do cenário, como sua vista superior, que tem por objetivo situar o limite dos movimentos dos personagens no *game*, bem como detalhes de desenhos externos e internos como, por exemplo, uma casa.

No *design* de *games*, é importante o domínio da técnica chamada *quadro a quadro*. Na animação, essa ação precisa ser realizada por meio do posicionamento do personagem quadro a quadro da figura – de acordo com o posicionamento quadro a quadro no qual o animador elabora a atuação do seu personagem no jogo. O profissional pode optar por colocá-lo em uma posição no quadro de modo que o movimento se pareça o máximo possível com o de um ser humano.

Outra etapa importante para a preparação para animação é o já citado *storyboard* – o roteiro visualmente materializado. Trata-se do resultado de todo o trabalho pensado e realizado nas etapas anteriores, principalmente nas áreas criativa e de estilo visual. O que eram esboços ou rascunhos formarão a base para a produção do *storyboard*, sendo representados em painéis sequenciais, como em páginas de histórias em quadrinhos. Nesse contexto, os enquadramentos devem receber atenção especial, visto que emolduram as ações principais dos personagens do *game* e sua interação com o cenário, os acessórios e os objetos.

Com a ideia do roteiro do *game* definida, o desenvolvimento do *storyboard* não precisa seguir uma ordem linear – não é necessário que a primeira sequência se refira à cena inicial do *game*: o ideal é desenvolver a sequência mais representativa do personagem. Um exemplo que utiliza referências de filmes é a versão de 1994 da animação *O Rei Leão* (Walt Disney Pictures), cuja primeira cena foi a do momento da aparição do fantasma de Mufasa, pai do personagem principal, Simba. Essa sequência estava praticamente no meio do filme, de acordo com Hahn (2002).

A intenção dos diretores de iniciar o projeto com essa cena foi a de cativar a equipe, principalmente no que se refere à questão psicológica da história com os personagens, ou seja, ao modo do comportamento do personagem principal durante toda a história do filme. A repercussão para a equipe desse *storyboard* serviu como orientação para o desenvolvimento das demais cenas, incluindo a inicial, bem como de muitas outras que foram reformuladas, e do roteiro, que foi ajustado. Vale salientar que a modelagem e texturização no *design* de *game* utilizam muitas referências do cinema.

Diferentemente do projeto de um livro, que precisa ser ilustrado para dar suporte ao texto, um projeto de animação de *game* se inicia pela ideia principal, por um roteiro inicial conhecido como *esboço* ou pelas primeiras versões do *storyboard*. No entanto, como o estímulo principal do jogo é visual, logicamente, com o suporte de uma boa história, é com base nesses primeiras ideias da história do roteiro que os diretores de arte separam as prováveis cenas e as sequências da história ou fases principais.

Para separar as cenas da história que será contada na animação do *game*, os diretores levam em conta aspectos técnicos, como o momento em que se passa a sequência (de madrugada, de manhã, à tarde ou à noite) e a descrição dos diversos ambientes descritos no roteiro direcionado ao cenário do *game*. Os profissionais que trabalham com animação de jogos podem especializar-se em diversas áreas, sendo uma delas o desenvolvimento de *storyboards*, tornando-se *story sketch artists*.

Nos grandes projetos de *games*, depois de separadas as sequências, os *designs* e os *storys sketch artists* iniciam o desenvolvimento dos métodos de trabalho, reunindo-se em uma *storyroom* (sala de história) para criar e desenvolver ideias. Essa reunião é conhecida como *brainstorming*, na qual a equipe elabora sugestões sobre os personagens em relação a seus comportamentos, suas atitudes, procurando sempre estimular a participação de todos na proposição de ideias. Em posse dessas informações, o roteirista aprimora o roteiro, enquanto os *story sketch artists* desenham os painéis para ilustrar as sequências do jogo. Após esse primeiro processo, o roteirista aprimora a história, já separada em cenas, para iniciar o processo do desenvolvimento do *storyboard*.

Por ter uma série de imagens fixas de forma contínua, uma das funções do *storyboard* é contar como se encandeará a história do *game* – como ela vai fluir e se desenvolver de modo que possa ser visualizada –, e fazer a decupagem das principais ações dos personagens, situando-os com os cenários, os objetos, enfim, com tudo que faz parte da cena.

O QUE É

Segundo o *Dicionário teórico e crítico de cinema*, de Jacques Aumont e Michel Marie, a decupagem é o último estágio do planejamento do filme, em que todas as indicações técnicas – como posição e movimento de câmara, lentes a serem utilizadas, personagens e partes do cenário que estão em quadro etc. – são colocadas no papel para organizar e facilitar o trabalho da equipe (Aumont; Marie, 2020). Sendo consideravelmente trabalhosa, essa etapa geralmente é desenvolvida por estagiários e profissionais iniciantes; é um momento de grande aprendizado nos projetos de *design* de *games*.

Após o desenvolvimento do *storyboard* principal, logicamente é necessário compor todas as cenas da animação, colocando todos os esboços dos painéis em sequência linear das cenas, em uma grade ou um grande quadro para serem visualizados pela equipe de produção.

Com essa disposição efetuada, os desenhistas fazem a apresentação conhecida como *pitching*, principalmente para os produtores, os diretores e a equipe principal do roteiro; nesse momento são feitas as revisões e sugestões a serem implantadas em novas versões do *storyboard*. Esse ponto do processo não se refere mais à apresentação da ideia conceitual, mas sim de um resultado prático de todas as etapas anteriores; essa etapa é conhecida como *storyboard pitch*, na qual o desenhista que está trabalhando na sequência da cena, recebe e interpreta o roteiro. Na apresentação propriamente dita, o profissional responsável chega a interpretar as vozes dos personagens, conduzindo o ritmo da animação da maneira que ele acredita ser a mais adequada. Nesse estágio, os painéis ainda são *sketchs*, esboços das ações dos personagens, com enquadramento somente do necessário para mostrar os ângulos da sequência da história, sem o rigor minucioso e técnico dos movimentos de câmera, dos enquadramentos ou do melhor ângulo para mostrar o personagem na sequência do *game* – tal aprimoramento é feito somente após essa apresentação.

Elaboradas as alterações apontadas, é desenvolvida a exposição final dos painéis, com um *storyboard* mais minucioso, etapa da qual participa a equipe principal da modelagem e animação do *game*, incluindo o editor. É importante anotar, principalmente, como será o ritmo da animação, se ela terá efeitos especiais, como eles serão intercalados entre as cenas ou fases do *game*, *fades*, fusões etc. Os movimentos da câmera aqui são apontados e definidos e aprovados pela produção executiva, que, então, dá início às etapas do desenvolvimento da modelagem, da texturização e da animação do jogo.

Depois do processo de desenvolvimento dos *storyboards*, é iniciada uma etapa mais técnica para o animador, que passa a praticar até a perfeição as atitudes, as posturas e as posições essenciais do personagem. Nesse processo, começa a aplicação do diálogo dos integrantes do *game*, no qual os mínimos detalhes são considerados, (p. ex.: a expressão facial que o personagem tem quando pronuncia uma sílaba tônica e demais elementos da trilha sonora). Nesse sentido, trata-se de uma fase de testes em que são desenvolvidos vários esboços que confiram maior naturalidade à expressão dos personagens no momento que estão conversando, principalmente no que diz respeito à sincronia do som. O processo produz elementos conhecidos como *thumbnails* – pequenos estudos de poses desenhados em tamanhos pequenos.

Outra fase relevante do design de *games*, especificamente na modelagem e na texturização, é o *animatic* – o *storyboard* com aprovação final, incluindo as alterações de movimentos da câmera e dos personagens com o som provisório. Nessa etapa, pode-se assistir pela primeira vez aos cortes e aos efeitos que são realizados no momento de mudança de uma cena para outra, se ocorrem da maneira correta; é possível confirmar o tempo estimado correto na sincronização do som e do ritmo, com vistas a avaliar se tudo está de acordo com o que foi planejado.

Figura 6.3 _ **Exemplo de *animatic* de um cachorro andando**

iKandy/Shutterstock

Essa etapa, que teve início quando as primeiras trilhas sonoras foram introduzidas na animação com desenho, por volta de 1930, era conhecida como *story reel*, atualmente batizada como *animatic*, sendo ideal para obter uma visualização prévia de uma cena. Nas primeiras animações, sem os recursos dos *softwares* 3D, as imagens ainda eram estáticas, como se fossem a projeção de *slides*, exibindo a totalidade dos painéis do *storyboard*, incluindo como guia da trilha sonora, de acordo com o tempo e a fluidez que se esperava do resultado final da animação do *game*. Esse processo viabilizou o que conhecemos hoje como *animação digital*.

Visualizando o *animatic*, tanto o animador que desenvolveu o *storyboard* quanto o roteirista conseguem constatar se as ideias funcionam ou se precisam ser aprimoradas, adicionando ou removendo o tempo de exposição da cena para sincronizar com o som ou outros detalhes que necessitem de revisão. Nessa etapa, o animador também pode assistir em tempo real como serão as sequências que serão animadas e se estão funcionando de forma contínua com as cenas anterior e posterior. Terminada essa etapa, caso o *animatic* seja aprovado, o projeto pode ser iniciado ou alterado de acordo com observações apuradas.

Mesmo que a produção do *animatic* dependa do trabalho de um editor de filme, ainda assim reflete em uma diminuição custos, pois impede que uma sequência seja animada sem aprovação. É uma etapa fundamental para sanar quaisquer dúvidas sobre as cenas, as fases e a animação do *game* como um todo, proporcionando melhora na qualidade do projeto.

No *design* de *games* de grandes projetos, normalmente são cumpridas as etapas aqui mencionadas para a modelagem e a texturização antes do envio para animação. No entanto, essa dinâmica depende da cultura de cada produtora, que estabelece uma maneira própria de trabalhar em cada projeto.

considerações finais

Nos capítulos deste livro, destacamos a importância da modelagem e da texturização para a animação aplicada ao *design* de *games*. Por meio dos assuntos que abordamos, procuramos demonstrar como são produzidos modelos em três dimensões, focalizando nossa abordagem na modelagem digital em 3D, realizada por meio da manipulação de malhas de polígonos, possível graças a técnicas como *Box Modeling*, que otimizam o processo de modelagem e a aplicação da textura. Enfatizamos que, na aplicação da textura em um modelo 3D, a modelagem deve ser a mais perfeita possível para que a aplicação de texturas, um dos aspectos que tornam um objeto 3D bem realístico, seja realizada da melhor maneira possível, principalmente quando a modelagem é destinada ao *design* de *games*, que dá origem a mundos fictícios, imagináveis e inimagináveis – por meio do uso da modelagem 3D e da aplicação de texturas nos jogos, esses universos podem tornar-se realidade.

Para detalhar as possibilidades dos processos de modelagem e texturização, apresentamos os fundamentos voltados à modelagem 3D, contemplando suas técnicas e referências. Na sequência, mostramos em detalhes o funcionamento e a utilização dos comandos básicos de um *software* de modelagem para desenvolver na prática uma modelagem simples. Com essas noções básicas, tratamos de processos de modelagem como o *Box Modeling*, que, por meio do uso de formas primitivas, permitem desenvolver quaisquer tipos de modelagens, utilizando recursos como extrusão.

Também evidenciamos os conceitos de projetos tridimensionais e as especificidades do *software* de modelagem 3D Autodesk® Maya, mostrando as etapas de pré-produção, *briefing*, cronograma, produção e pós-produção. Além disso, tratamos das referências que podem ser utilizadas para uma modelagem, tais como *Model Sheet*, *Blue Print*, silhueta, anatomia dos objetos poligonais e anatomia *Nurbs*.

Elencamos aspectos técnicos relacionados aos *softwares* e *hardwares* apropriados para a criação de modelagem e texturização, bem como informações sobre sistemas operacionais. Indicamos dicas e dados sobre áreas de atuação e especialização nas quais os profissionais de modelagem e texturização podem atuar.

Destinamos capítulos específicos para analisar o Autodesk® Maya e o Mudbox e as técnicas avançadas de planejamento, fluxo de trabalho e modelagem 3D de que essas ferramentas dispõem.

Examinamos, também, os conceitos de mapa de textura, abertura de malhas, mapeamento UV e preparação para animação que podem ser aplicados no *design* de *games*. Com a modelagem 3D, aliada às informações que foram apresentadas neste material em relação à aplicação de texturas e mapeamento, você pode criar um personagem, um cenário ou apenas um objeto simples que possa ser utilizado em um *design* de *game*. Basta que você se aprofunde nos estudos e pratique a criação de seu primeiro projeto de modelagem e texturização a ser aplicado no contexto de um jogo.

Referências

AUMONT, J.; MARIE, M. **Dicionário teórico e crítico de cinema**. São Paulo: Papirus, 2020.

AUSEKLE, D.; ŠTEINBERGA, L. Animation and Education: Using Animation in Literature Lessons. **Pedagogy Studies/Pedagogika**, v. 104, p. 109-114, 2011.

AUTODESK MUDBOX 2020. **Image Browser Window**. 2020. Disponível em: http://help.autodesk.com/view/MBXPRO/2020/ENU/?guid=GUID-0E6A081B-EE78-4FD9-B344-FE4D5B2A1822. Acesso em: 5 nov. 2021.

BARBOSA JÚNIOR, A. L. **Arte da animação**: técnica e estética através da história. 2. ed. São Paulo: Senac, 2005.

BARTLETT, R. Playing with Meaning: Using Cartoons to Disseminate Research Findings. **Qualitative Research**, v. 13, n. 2, 2012.

CAMPOS, F. **Roteiro de cinema e televisão**. Rio de Janeiro: J. Zahar, 2007.

COOK, M.; TWEET, J.; WILLIANS, S. **Dungeons & Dragons**: livro do jogador. São Paulo: Devir Livraria, 2001.

CORRÊA, R. **Planejamento de propaganda**. São Paulo: Global, 2004.

DEMARTINI, F. Shaders: o que são e para que servem? **Tecmundo**, 2 mar. 2011. Disponível em: <https://www.tecmundo.com.br/voxel/especiais/182970-shaders-o-que-sao-e-para-que-servem-.htm>. Acesso em: 5 nov. 2021.

DOEFFINGER, D. **The Magic of Digital Printing**. [S.l.]: Lark Books, 2005.

DURAN, E. R. S. **A linguagem da animação como instrumental de ensino**. 159 f. Dissertação (Mestrado) − Pontifícia Universidade Católica do Rio de Janeiro, Rio de Janeiro, 2010.

EDGE Ring and Edge Loop Selection Tips. 2008. Disponível em: <https://download.autodesk.com/us/maya/2009help/index.html?url=Polygon_selection_and_creation_Edge_ring_and_edge_loop_selection_tips.htm,topicNumber=d0e203925>. Acesso em: 5 nov. 2021.

FREITAS, A. da S. **Autodesk Maya e Mudbox 2018**: modelagem essencial para personagem. São Paulo: Érica, 2018.

GUINDON, M. **Aprendendo Autodesk® Maya®**: Modelagem e Animação. Tradução de Tibério Novaes. Rio de Janeiro: Alta Books, 2008.

HAN, D. **The Lion King**. Disney Editions, 2002.

HUIZINGA, J. **Homo ludens**: o jogo como elemento da cultura. 5. ed. São Paulo: Perspectiva. 2004.

JONES, A. et al. **Thinking Animation**: Bridging the Path Between 2D and CG. EUA: Thomson Course Technology, 2006.

JUUL, J. **Half-Real**. Video Games between Real Rules and Fictional Worlds. Cambridge MA: The MIT Press, 2005.

MODELANDO construções usando operações booleanas. 30 ago. 2017. Disponível em: <https://knowledge.autodesk.com/pt-br/support/3ds-max/getting-started/caas/CloudHelp/cloudhelp/2018/PTB/3DSMax-Tutorial/files/GUID-59201133-BFA1-48DA-9DBA-CA6665C17A33-htm.html>. Acesso em: 5 nov. 2021.

MULLEN, T; ANDAUR, C. **Blender Studio Projects**. Canada: Wiley Publishing, Inc, 2010.

MUNKRES, J. R. **Topology**. [S. l.]: Prentice Hall, Incorporated, 2000.

NESTERIUK, S. **Dramaturgia de série de animação**. São Paulo: ANIMATV, 2001. Disponível em: <https://issuu.com/animatv/docs/dramaturgia_de_serie_de_animacao>. Acesso em: 5 nov. 2021.

ROSA, D. R. **Modelagem do corpo humano**. 2005. Disponível em <http://www.escultopintura.com.br/Tutoriais/Tutorial_Modelagem_Corpo_Humano/>. Acesso em: 9 nov. 2020.

SANTIAGO, E. **Antropomorfismo**. Disponível em: <https://www.infoescola.com/mitologia/antropomorfismo/>. Acesso em: 5 nov. 2021.

SILVA, L. P. M. Projeções ortogonais. **Brasil Escola**. Disponível em: <https://brasilescola.uol.com.br/matematica/projecoes-ortogonais.htm>. Acesso em: 5 nov. 2021.

THOMAS, F.; JOHNSTON, O. **The Illusion of Life**: Disney Animation. New York: Disney Editions, 1995.

VELTRI, S. **Modelagem e escultura de personagens com Mudbox, Maya e 3dsmax**. 2014. Disponível em: <https://damassets.autodesk.net/content/dam/au/Brasil-2014/documents/materialapoio/AUTP12_Saulo%20Veltri-SENAC.pdf>. Acesso em: 5 nov. 2021.

VIEIRA, T. **O que são os padrões de cores RGB e CMYK?** 21 jul. 2020. Disponível em: <https://tecnoblog.net/353078/o-que-sao-os-padroes-de-cores-rgb-e-cmyk/>. Acesso em: 5 nov. 2021.

VILELA, I. M. O. Modelos e aplicações de humanos virtuais. *In*: WORKSHOP DE REALIDADE VIRTUAL E VISUALIZAÇÃO CIENTÍFICA, 1., 2002, Rio de Janeiro. **Anais** [...]. Rio de Janeiro: Laboratório de Métodos Computacionais em Engenharia. Lamce/PEC/Coppe/UFRJ, 2002.

WATT, A. **3D Computer Graphics**. 3. ed. Harlow: Addison-Wesley, 2000.

WELLS, P. **Understanding Animation**. London, New York: Routledge, Taylor e Francis Group, 1998.

WILLIAMS, R. **The Animators Survival Kit**: a Manual of Methods, Principles and Formulas. London: Faber and Faber Limited, 2009.

YAVERBAUM, G.J., KULKARNI, M., WOOD, S. Multimedia Projection: an Exploratory Study of Student Perceptions Regarding Interest, Organization, and Clarity. **Journal of Educational Multimedia and Hypermedia**, n. 6, v. 2, p. 139-153, 1997.

sobre o autor

Leandro da Conceição Cardoso é mestre em Tecnologias da Inteligência e *Design* Digital pela Pontifícia Universidade Católica de São Paulo (PUC-SP), além de autor e professor da área, e graduado em Comunicação Social com habilitação em *Design* Digital pelo Centro Universitário Ibero-Americano. Foi docente na Faculdades Metropolitanas Unidas (FMU), nos cursos de *Design* de Interiores, Artes Visuais e Fotografia, bem como analista de desenvolvimento pedagógico sênior na *Laureate* EAD. É professor e coordenador do Centro Paula Sousa – Fatec e Etec, nos cursos de Comunicação Visual, *Marketing*, Eventos, Desenvolvimento de Sistemas, Multimídia, Audiovisual, entre outros. É um dos idealizadores da Maratona de Criação na Etec Albert Einstein. É conteudista, validador, revisor técnico e desenvolvedor de planos de ensino para graduação e pós-graduação para empresas que prestam serviços a diversos clientes, como Centro Universitário Internacional Uninter, Universidade Positivo, Universidade Cruzeiro do Sul, Ânima, *Laureate* EAD (FMU, Anhembi Morumbi etc.), entre outras faculdades e universidades. Autor de mais de 21 livros didáticos, foi diretor de arte e criação e, atualmente, é consultor e prestador de serviços nas áreas de *design* gráfico, *design* digital e *marketing* digital.

Os livros direcionados ao campo do *design* são diagramados com famílias tipográficas históricas. Neste volume foram utilizadas a **Times** – criada em 1931 por Stanley Morrison e Victor Lardent para uso do jornal The Times of London e consagrada por ter sido, por anos, a fonte padrão do Microsoft Word – e a **Roboto** – desenhada pelo americano Christian Robertson sob encomenda da Google e lançada em 2011 no Android 4.0.

Impressão:
Novembro/2021